U0025221

天下文化

BELIEVE IN READING

稻盛和夫的思考之道

考え方

人生・仕事の結果が変わる／

徹底改變你的人生與工作成果

稻盛和夫——著
呂美女——譯

讓只有一次的人生，
結出真正豐碩、光輝的果實

目次

序章

帶來美好人生的指南針

素晴らしい人生をもたらす羅針盤

引導我們進入幸福人生的唯一關鍵

到目前為止，我過的是追逐工作和被工作追趕的人生。問題是，當我回顧這樣的一生，卻也深深地感覺到「世上沒有人像我活得這麼幸福」。

我在一九五九年創立只有二十八位員工的京瓷鄉下小工廠；一九八四年趁日本開放電信市場時設立第二電電（現稱ＫＤＤＩ），並且順利發展成長至今；在親友擔心我會晚節不保之下重建日本航空，總算也努力達成我的任務。

當然，在過程中的確歷經各種辛勞和痛苦。但是如今回首，包含經歷過的辛勞，我都覺得「這是多麼幸福的人生啊」。

我認為那是因為我無論遭逢任何狀況，都具有「生而為人，要讓正確的事繼續正確下去」的強烈意識，直到現在仍不曾改變地實踐這種想法所帶來的吧！

我認為，根據個人選擇的「思考方式」，既能創造出美好的人生，也可能將其毀滅。

無論是誰，都會在人生當中遭遇到意料之外的阻礙。面對這些困難，思考前進方向時，一切都得依照自己的「思考方式」進行判斷，而這一個個的判斷累積下來，所呈現的便是自己一生的成果。

既然如此，若我們在日常當中，秉持能夠把自己思維導向正確方向的「思考方式」，以此做為思考基礎，那麼無論面對任何局面都不會感到疑惑。如果隨時都能採取正確行動，應該就會出現美好的結果。

相反的，會用把自己導向不好方向的「思考方式」去做判斷的人，行為就容易被自己不斷動搖的心所左右。

人類是一種很軟弱的生物，經常被環境、自己的欲望打敗，導致內心紊亂，然後毫不在意地做出違反人類應守道理的行為。正因如此，在迷惘時，能夠擁有做為判斷基準的正確「思考方式」，才會這麼重要。

能引導自己走向正確方向的「思考方式」，宛如照亮黑暗角落的光。也是我們走向人生大道時，能持續指引我們走向美好人生的指南針。

留意「思考方式」與「熱誠」的重要

生而為人，擁有正確的「思考方式」對我們的人生到底有多大的影響？為了讓大家理解這個問題，首先我想用一個能夠代表人生與工作成果的公式來進行說明。

長年以來，我總是盡力要把這個公式的結果擴到最大，而每天拚命努力地埋首工作。此外，我也認定只有用這項公式，我才能說明自己的人生、京瓷或ＫＤＤＩ的發展，以及讓日本航空重生的種種。

我設想的人生公式

人生・工作的結果＝思考方式×熱誠×能力

我出生在一個實際上並不富裕的家庭，年輕時期無論是中學或大學的入學考試、或畢業後的就職考試，每一次都以失敗收場。歷經許多挫折經驗，我開始擔心「能力」只有普通程度的我，該如何做才能獲得比一般人更高的成就？擔心到最後，我想到了這套公式。

這套公式是由「能力」、「熱誠」、「思考方式」三個元素組成。能力指的並非只有頭腦聰明，也包括發達的運動神經，以及堅強的體能，而這些多數是與生俱來的。

用點數來表現這種「能力」時，因為有個人差別，所以設了從零到一百分的點數。如果給很少練習、也不具運動能力的人零分，那麼運動神經發達、身體健康、學業成績拔群的人就可以給一百分。

這種「能力」乘上另一項要素「熱誠」，「熱誠」也可改成另一種說法，就是「努力」。熱誠也有個人差異，因此計分時也是會有零到一百分的不同。對人生與工作抱著幾乎可以燃燒的熱誠，凡事拚命努力的人給一百分；對那種沒有幹勁、沒有一點霸氣、沒力氣又不想努力的人就給零分。

這裡提到的「熱誠」，與「能力」不同，是個人可憑自己的意志力決定的因素。因此我首先想到的就是，做出不輸給任何人的努力。或許我的能力不如別人好，但是我想我可以擁有不亞於任何人的熱誠。我的想法是，跟那些頭腦很好卻不努力的人相比，已經自覺到自己沒有能力，因此而拿出比別人更大的熱誠去努力的人，應該能夠留下更美好的結果才對。

最後要加上的要素就是「思考方式」。所謂的「思考方式」可以指個人的思想、哲學，也可以說是理念或信念。也可以說成人生觀或人性，或是指生而為人的生活姿態，這些東西我統稱為「思考方式」。

這個「思考方式」可以說是最重要的要素，會大大影響人生公式的結果。原因在於，先前提到的「能力」與「熱誠」的得分是從零到一百分，但是「思考方式」有點不同，由壞的「思考方式」到好的「思考方式」，得分可以是負的一百分到正的一百分，差別非常大。

不用說也知道，「能力」與「熱誠」的分數愈高愈好；但是除此之外還要看自己的思考方式是正分還是負分。然而最重要的是，最後得到的數值高低，將大大地左右人生與工作的結果。

重返生而為人應有的態度與原點

理由在於，無論你多有才能，能多熱心在工作上，也就是說無論在「能力」與「熱誠」所得的分數有多高，只要「思考方式」錯了，就得乘上負的數據，因此人生也絕對不可能呈現好的結果。

例如，為工作不順遂找藉口而一味地抱怨與找理由忌妒他人、憤世嫉俗，否定正確的生活方式，如果抱持著這樣的「思考方式」，就會變成負面的結果。你有多大的「能力」，或多強烈的「熱誠」，也只會留給人生更大的負面結果而已。

相反的，即使遇到很大的苦難也認真去面對，然後相信有一天自己一定會有光明的未來，用開朗的心積極地迎向人生，拚命不停地努力向前，如能秉持這種正面的「思考方式」，即使能力比別人差一點，結果還是能獲得美好的人生。

有趣的是，就長遠的角度看，人類與生俱來的能力高或低，跟成功幾乎毫無關係。就算能力不如別人，只要能不唉聲嘆氣、憤恨、自我放棄、忌妒、抱怨，然後重複做出不輸給任何人的努力，就可以過著美好幸福的人生。

誠如先前提到過的，這樣的做法絕對不只可以帶給個人幸福，同樣的，也可以帶給企業或團體同樣的幸福。

我想，由二〇一〇年二月起，我花費三年的時間從事重建日本航空的工作成果，不就是可以用來說明這項人生公式的最佳佐證嗎？

我上任之後立刻想到的是「傳達我在經營京瓷和ＫＤＤＩ時不停實踐的『思考方法』，讓全體員工改變想法，也就是說設法改革意識。這樣做之後應該就能為組織帶來活力。」再者，能夠持續進行員工的意識改革，效果將不僅能促進日本航空的復活再生，也可讓員工的意識提高。也就是說，我想到把生而為人所應具備的「道德」水準，提升到可以成為世界的表率，日本航空也就能變成真正優秀的企業。

接著要衡量如何改革員工的意識。首先我集合企業的幹部，徹底對他們實行領導者的養成教育。我先導出歷經半世紀以上、實際企業管理經驗中得到的具體經營方法，再加上「生而為人如何做才正確」的判斷基準、領導者應具有的資質等，讓他們集中學習。

但是當我提到「不做自私的判斷，應該用利他的心做判斷」、「針對所有的行動，都要認真拚命地努力去做」這些話時，那些擁有高學歷的幹部員工，臉上明顯露出「那些話不用你說我都知道，強迫我們，像教訓孩子學習道德觀念般的說教……」那種不悅的表情。

日本航空號稱「代表日本的航空公司」，具有受盡阿諛奉承的長期歷史，因此幹部與員工在不知不覺中態度都變得傲慢。也因此我面對那些任性、態度不謙卑的幹部和員工，都給予嚴厲指責，訓斥他們：「身為領導人謙虛是必要的，公司會遭逢這樣的狀況，必須視為自己的責任、兀自反省才對。」

當初或許是因為這樣，我時常努力改變幹部與員工的想法，一個跟公司沒有任何關係的老人，不收取任何報酬，從早到晚只是拚命地訴說要怎麼做人，他們被我這種行為感動了吧！結果發出「啊！果真如此！」、被我提出的「思考方式」感動的人就陸續出現。結果這樣的風氣就一舉在員工之間擴散開來。

接著我想到，這種「思考方式」不只是對幹部，連那些在現場最前端接待客人的所有員工，也應該灌輸給他們才對。因此我也親自前往現場去教導他們。

在櫃台服務員、機艙服務員、機長、副機長、整備人員，以及負責運送隨身行李的員工們圍繞之下的工作場合，我針對「必須擁有哪種思考方式、如何工作？」這件事，直接跟他們對話。

接著讓「就人類而言何謂正確」的判斷基準變成規範，浸透到員工心中，因此，員工們的行動就馬上出現既明顯且完美的改變。

根據這樣的意識改革，全體員工的「思考方式」也變得雄偉可敬，企業的業績也出現飛躍似的成長。

好的「思考方式」與壞的「思考方式」

日本人常說「不要唯才是用」。因為有才華的人經常會炫耀自己的才能，變得很傲慢，從我剛才提到的日本航空的例子就能理解這點。

過去日本航空的組織本質是「國家企業」，那些作風很官僚的經營幹部只用頭腦在帶領整個企業。幹部與社員幾乎都是非常優秀的菁英人才。這些人擁有高學歷，表面看來舉止文雅有禮，但實際上是虛偽的，他們從不關心努力工作的重要，或何謂正確的「思考方式」等。

那種只擁有才能的人如果掌握大權、執企業牛耳，將會導致組織全體忽略「生而為人最重要的事物」。這樣的組織當然也不會重視客戶的需求，因此日本航空才會抱著兩兆三千億日圓的巨額債務，讓經營出現破綻。

就像傳言說的，能夠驅使才能的唯有「心」，我們必須用「思考方式」來活用自己的能力才行。失去心只剩下才能的人很容易「被才能淹沒」，最後一定會走向失敗。因此，就人的角度而言，持有正確、也就是正向的「思考方式」，然後朝「提高心志」去努力，這件事非常重要。

那麼，我所構想的正面「思考方式」，與相對的負面「思考方式」究竟是何物？

就結論來看，正面的「思考方式」就是正義、公平、努力、謙虛、正直、博愛等語彙所表現的意思。是一種肯定的邏輯倫理觀念，都是普遍通行於世界的概念。

接著是反方向的負面「思考方式」，我認為，就是跟正面的「思考方式」相反而產生的概念。

如果用對比的手法列舉出這些概念，大概可以產生左列的項目。

正面的「思考方式」

總是向前的、肯定的、具建設性的。
具有想要跟大家一起工作的協調性。
認真、正直、謙虛的努力型人士。
不會自私，總是「知足」、具有感恩的心。
滿懷善意，總是很體貼、溫柔。

負面的「思考方式」

總是向後看、否定的、不願與他人合作。
個性陰暗、充滿惡意、心不善良、想要陷害他人。
不認真、愛說謊、傲慢、懶惰。
自私、欲望強、充滿不平與不滿。
無視自己的過錯、憎恨、忌妒他人。

如前所示，「思考方式」具有兩種，正面的「思考方式」和負面的「思考方式」。如果想讓自己的人生變得美好，那麼無論在面對幸運或災難時，都能夠以正面的「思考方式」做為基礎，採取行動。

說來簡單，但是很多人在面臨突然降臨的機會時，往往就會忘記這項人生的鐵則。

當遇到堪稱是災禍的困難或苦難時，這些人往往被痛苦打敗，開始怨恨世界、忌妒他人，慨歎自身遭遇、露出不平不滿的情緒。我看過很多人因為這樣做，讓人生變得更灰暗痛苦。另外也有人遇到讓人羨慕的好運，應該感激卻當成理所當然，然後自己的欲望也跟著變得更大，態度傲慢不羈、忘了謙卑。這種人即便帶給周遭麻煩與不便，自己也完全不留意，重複做出自私的舉動。結果就是，這種人在享受好不容易才得到的幸運的同時，也就開始走向沒落。

對自己的人生道路才要開展的年輕人而言，絕對不可以重蹈覆轍。無論遭遇幸運或災難，要養成用正面「思考方式」的習慣並努力去實踐，我認為，這可以說是人生鐵則的極致。

成為令人讚嘆的人

這是以我的人生體驗，交叉介紹給讀者如何擁有正確、清晰、堅強、單純的「思考方式」來度過美好的人生，也就是闡明建立優美高尚人格重要性的一本書。

本書九章主題依次由「擁有偉大的志向」、「始終保持積極態度」、「不吝惜努力」、「誠實」、「凝聚創意」、「遇到挫折也不氣餒」、「心念單純」、「謙虛」、「為世界為人類而行動」構成，每一項主題都是獨立的，卻由「人生是由思考方式形塑而成」這個本質，彼此串聯結合為一體，導出能為人生帶來幸福的「做人應有的方法」。

如果期待自己能將只此一次的人生，變成充滿目標的美好人生，就必須努力將自己的思考方式磨練成優美、高尚之物才能達成。也就是說把自己所有的人格特質變得完美，朝著「完人」的目標去努力才能成功。

我理想中的「完人」，是能在善良的思維上扎根，貫徹生而為人應做的正確事務，擁有以上姿態，讓每個看見自己的人都會讚美道：「啊！

那個人真的很棒。」還有那種不只擁有好的能力，而是能自然而然讓他人想到「想跟這個人一起走在人生道上」、「想跟這個人一起工作」、「有這個人在真好」的人物。

問題是「知易行難」，要持續實行並非易事。因此要強烈地提醒自己，一定要這樣做並且不斷反省，那怕一天只進步一點點也要繼續努力做下去才行。

重要的是持續思考「我想這樣做」、「自己想變成這樣的人」，能這樣想並拚命持續努力，人類就一定會成長。

世界上本來就沒有一出生就具有偉大人格的人，人類必須在一生的生活中，靠自己的意志與努力，才能學到高超的「思考方式」。

對想要不斷磨練自己，步向殊勝、美好人生的讀者諸君，筆者誠心期待本書多少能提供些許助益。

CHAPTER 1

第一章——大きな志を持つこと

擁有偉大的志向

具有高超的志氣、描繪美好的夢想並持續追尋

開朗

所謂人生，
是充滿美好希望的事物。
別忘了時常描繪夢想、
保持浪漫，
持續抱持開朗的「思考方式」，
未來就能開展。

面對未來，我是無止境的浪漫派

剛創立京瓷時，我自稱「愛做夢的男人」，經常對著員工訴說自己的夢，無論何時都不曾忘記追求夢想。我就這樣持續抱著年輕人逐夢的心境，一直活到今天。

試著回顧過去，我想，自己開始留意到描繪美好未來夢想的重要，應該是從我高中一年級時開始的事了吧！

那時，距離日本在第二次世界大戰中戰敗才三年左右，我居住的鹿兒島市內還是一片焦土荒原。我上學的高中就像是從廢墟裡挖出來的破舊建築，因為離海岸很近，從正面望去，可以清晰地看見櫻島火山不斷往上竄升的噴煙。

高中的國文老師個性很浪漫，平常教課題材多是名作家的小說。有一天他竟然宣布說「我每天都在談戀愛。」

我一邊思索，不解，然後問他到底在說什麼。結果他回答：「我看著前方的櫻島，踩著腳踏車到學校，我每天都愛上那座櫻島。我愛上那雄偉的島影，還有往外往上冒出的噴煙。我醉心在那旺盛的熱情裡。」

那時正值吃不飽的日本敗戰之後，我的老師卻為我們描繪了美好的夢，為全體師生帶來希望。受他的影響，我也逐漸變得快樂和開朗，一邊描繪充滿希望的夢，一邊過著日子，直到現在。

當然，現實生活絕對不是只有順風航行。我於小學高年級時就罹患結核病，幾乎瀕臨死亡。報考舊體制的中學考試、兩度失利，大學考試也遭到失敗。大學畢業之後也無法到理想的企業就職，我經歷過的可以說是挫折連連的青春時代。就算這樣，我還是能夠過著充實的人生，原因就是曾經被這位國文老師教導過。

所謂的人生，是充滿美好希望的事物。別忘了時常描繪夢想、保持浪漫，持續抱持開朗的「思考方式」，未來就能開展。

我就算在運氣不佳的青少年時代，也沒有忘記做夢，持續抱持希望。我相信自己能夠有今天，就是因為自己一直努力維持開朗思考方式的緣故！

我經常說：「例如，無論遭遇多麼痛苦的狀況，絕對不可以悲觀看待自己的人生、或所處公司的未來。」雖然現在處於痛苦的情況，卻堅信「未來的人生一定會朝光明展開」、「公司必定會從此開始發展」，我想，我們應該抱持這種光明的思考方式。

我們絕對不可以盡說些不平不滿的話、懷抱幽暗的情緒、更不該憎恨、討厭或忌妒他人。因為這樣的否定思考，會讓人生變得暗淡無光。

那些能走向美好人生的人，必定擁有光明的思考方式。換作別人，就算遇到感覺如災難的時刻，也會往好的方向思考，認為這是為自己帶來成長的好機會而心存感激。由於自己採取光明的思考方式，結果實際的人生際遇也因此開始好轉。

我認為，世界上所有的現象都是由自己的心念與思考方式所帶來的。隨著我們內心的狀態，也就是思考方式的轉變，無論人生或工作的結果，都可能出現一百八十度的大轉變。做法非常簡單，對未來抱持希望、採取光明、積極的行動，就是讓人生或工作變得更美好的首要條件。

願望

確信自己可以做到，
以堅強意念，思索如何實現這件事；
只要繼續努力，
無論遇到多大的困難，
你的想法必定會實現。

「相信自己能做到」，人生會就此開展

首先有必要先持有「我想過這樣的人生」、「將來我想成為這樣的人」、「我想讓企業達到這樣的成長」的願望。遇到所有的困難痛苦也不退卻，專心一致、心無旁騖地達成目標。能抱持這種堅強、高超的意志，就是成功的源頭。

確信自己可以做到，以堅強意念思索如何實現這件事；只要繼續努力，無論遇到多大的困難，你的想法必定會實現。因為人類的思想裡，隱藏著超乎你我想像的偉大力量。

這裡提到的「強力的思維」，就是指能夠滲透進潛意識的「願望」。我希望大家都擁有能夠達到強烈願望般高超的思考。

要做到讓願望滲透到潛意識裡，無論醒著或睡著時都必須重複一再去思考。我們應該常常就這個願望，用巨大的精神力量去持續思考。這

麼一來，潛意識在睡覺時間內也會繼續工作，直接把自己推向實現願望的方向。

倡導積極思考的思想家中村天風，用以下簡單的話，鼓勵大家持續這樣思考：

「要成就新計畫就只有靠不屈不撓、一心一意的努力。全心全意只專注思考、提升志氣、加強心念、一鼓作氣。」

這句話不但是我經營京瓷時用的口號，當我被邀請去重建日航時，為了改革員工的意識，我也把這句話貼在各個工作現場。我告訴他們，新的計畫要成功「只要做到一心一意、不屈不撓就行。」無論你面對什麼困難，最重要的事就是持續一心一意、不紊亂的思考。還有，這種思考必須強烈到完全不動搖才行，也就是「全心全意只專注思考、提升志氣、加強心念、一鼓作氣」這句話所代表的意思。

中村天風先生在這句話之後，繼續以下的論述。

「好吧！即使在人生道途中，投入滔滔的命運濁流裡，或者不幸被病魔侵擾，也別因此做痛苦的夢或感到恐懼。」

人生走到一半，就算受到命運作弄、遭遇到不幸的事故，還是要一心一意、持續想著前往成功的路。他強調絕對不可以心生煩惱、感到苦悶，或者產生恐懼。

很多人即使想到「我想做這個」，接著想到「要實現還有很多困難的條件」，然後很容易立即就產生退縮的想法。問題是，在你想到「我想做這個」時，如果出現「但是」、「或許」的矛盾思想，你發出的意念就完全沒有力量了。因此，最重要的是屏除一切疑慮，持續堅信你的想法會實現。

就這樣，只要持續抱持強烈的「想法」，自然就能為了實現而做出努力。

京瓷剛創業時，是一個資本額只有三百萬日圓、二十八位員工、只要經濟景氣稍微變動就難免瓦解的小型企業。但是我卻在這樣一個既沒資金、也沒設備、也不知道明天會是如何的情況下，對著員工喊出「變成日本第一吧！」、「變成世界第一吧！」這般偉大的夢想。

聽起來像是摘星般遙不可及的話，但是一有機會我就對員工這樣說。當時即使在京都內部，大家認定京瓷根本不可能勝過的企業還有很多，我們也曾被說過「員工人數還不到一百人的零星小企業想變成世界第一，開玩笑也要有點節制吧！」即使如此，我還是很認真地繼續傳達自己的想法。

這樣做之後，我的員工有一天也打從心裡相信我所楬櫫的夢想，結合想要實現它的力量，夜以繼日，方向一致地為我重複不斷地努力。

現在，在精密陶瓷領域京瓷已經是世界第一，營業額已經成長到一兆五千億日圓的規模。不斷思考、訴說「想要成為日本第一、世界第一」目標的意念，帶領我實現企業經營的「夢想」。

信念

在看不到未來的情況下，
若要持續追逐目標，
就需要照亮陰暗的「光」。
正因為有所謂的信念這道光，
才能繼續走在道上，
抵達成功。

堅定不移的「信念」能激發勇氣

在商業界，想做出既具挑戰性又獨特有創意的事，必定會出現很多障礙。但是目前在工作上開創出前所未見、有優異表現的人，都是能秉持堅定的「信念」，給自己加油打氣，然後克服障礙的人。

再創新的領域裡工作，就像走在完全黑暗的路上揮動雙手摸索前進。像這樣，在看不到未來的情況下，若要持續追逐目標，就需要照亮陰暗的「光」。所謂的信念就是像這道光的東西。

因此愈想變成創新的世界，內心裡愈是需要堅定的信念。正因為有信念這樣的光芒，才能持續專心地走在路上，抵達成功的目標。

話說「堅定的信念」到底是什麼樣的東西呢？我認為那就是「利他」這種美好的思維。關於這點我想用我創立第二電電（現今的KDDI）的經驗來說明。

一九八四年，日本迎來了電信業自由化的重大轉折時期。此前由國家政策運營的電電公社被民營化，並同時改為NTT，通信行業也允許新的參與者進入。

當時，日本國內的長途電話費用被普遍認為非常昂貴。我強烈感到日本的通訊費用水準與世界各國相比實在過高，不僅對國民構成巨大負擔，而且阻礙了日本朝向資訊社會發展。

在這種情況下，當新的參與者被允許進入時，最初我認為應該號召以日本經濟團體連合會（經團連）為核心的日本大企業，組成聯盟企業（consortium）後參加營運。然而，似乎難以對抗當時擁有四兆日圓銷售額、自明治時代以來即在日本各地鋪設電話線並擁有龐大基礎設施的NTT，因此每個人都在觀望，猶豫不前。

在這樣的情況下，就算當時有大企業組成聯盟企業出來挑戰，也只能做到少許的降價，跟NTT、新電電分食市場大餅不是嗎？明明國民真心期待電話費下降，我認為他們卻只想分散專利權，根本沒有進行實際的競爭。於是我這個完全不相干的人，忍不住想要投入長途通訊事業，並開始思考一定要將長途電話費降下來才行。

連通訊的通字都不認識的我，竟然想要參與通訊事業，聽起來像是不經思考的話。即便如此我還是一心想著，為了日本國民我一定要把長途電話費降下來，那時我強烈地想到，自己有必要像個充滿正義感的年輕男人，放膽向NTT挑戰才對吧！

但是我並沒有立刻做出參與新市場的決定。我不斷重複自問自答下列的問題；自己想進入通訊事業，真的只是基於想要為國民降低電話費這個單純的動機嗎？還是具有自己想賺錢，想在世界上出人頭地，表現自我的私心呢？不斷地自問「動機善良嗎？沒有私心嗎？」每晚無論時間多晚，就寢之前我一定會這樣問自己。

我相信在創立任何事業時，如果是基於善良的動機，也就是從美善之心發出的意念，結果必定會是好的。相反地，如果動機不純正，事業絕對無法順利進行。

我大約花了半年不斷這樣自問自答，總算確定自己的動機是善良的，一切並非基於私心。確信動機之後，就會湧出無論遇到多大困難都能勇往直前去執行的勇氣與熱誠，然後下定決心創立第二電電，並對外公布訊息。

第二電電成立之後，以日本舊國家鐵路為母體的日本 Telecom❶、日本道路公團・建設省（即現在的國土交通省），加上豐田汽車公司，成立了日本高速通信的新企業，展開三家新電電（通訊）企業競爭的局面。

從以通訊網路為首的硬體設施來看，相較於另外兩家齊備各種條件的企業，第二電電無論技術、資金、信用、業務能力等任何層面都呈現不足狀態。

就在這樣的狀況下開跑，展開服務之後，情況應該是最不利的第二電電在三家新興通訊市場中勝出，成為引領市場的企業。之後第二電電持續閃電出擊，現在仍以KDDI的身分繼續繁盛地成長與發展。

主要的原因何在？我認為，第二電電具備的東西只有一項，也就是「為世界為人類」的想法。以這種單純、美麗的思維為本，加上專心一意持續的努力，就是成功的最大因素。我們剛展開事業時也碰到各式各樣的中傷，橫梗在前的盡是充滿困難的惡劣條件。正因為我們擁有為世界為人類非做不可的信念，才能跨越所有的困難。

有句話能精闢地表現這件事，二十世紀初英國活躍的啟蒙思想家詹姆斯・艾倫❷在他的著作《你的思想決定業力》（*As A Man Thinketh*）中提到：

「心地純潔的人，（中略），無論就眼前的目標或人生的目的，都出現遠比心地骯髒者更容易達成的傾向。骯髒的人害怕失敗而不敢踏入的場所，純潔的人可以平靜地把腳踏進去，用最簡單的方式就取得勝利的情況也並非少見。」

讀到這句話時，我感覺到這句話精確地表現出人生的真理。

環顧周遭，有些並非突出、看起來也非很聰明的人，卻因為能秉持信念、跨越風險，透過超越他人且不停的努力，最後我看到他們獲得成功。相反的，有些人頭腦很好，擁有過人的才華，但是卻不運用智慧，也不想用心，結果因此遭遇到失敗。造成兩者之間的差別的原因是什麼？就是單純且強烈的思維而已。這種思維帶來的信念，正好擁有比任何戰略戰術所具有的智慧還要優異的力量。

今後必須肩負日本未來責任的年輕人，我希望你們相信信念所具有的力量。心中擁有無限單純與強烈的信念，然後勇往直前、持續不斷努力。沒錯，能以這樣的「思考方式」為基礎，拚命努力地生活，這樣做不但會讓人生收穫豐富，也會讓這個社會變得富裕和美麗。

譯注

① 於一九八四年十月創立，一九九九年改名軟體銀行（SoftBank Telecom Corp.）。
② James Allen，生於一八六四至一九一二年，英國作家與哲學家。

CHAPTER 2

第二章——常に前向きであること

始終保持積極態度

開朗的心總能帶來好運

進步

相信自己應該擁有無限的可能，
重要的是拚命努力去做。
就這樣相信可能，
不斷努力，
人類就會持續進步。

追求人類的無限可能

我開始思考人類身上具有無限的可能，大約是在高中三年級、正在開始準備大學入學考試的時候。

神並未對世界不公平，也沒有製造不公平給人類。神製造的是大家都一樣、擁有美好無限可能的能力。世界上只有能夠發揮這種美好的人與不去發揮的人，人類本質上並沒有頭腦好壞的區別。

曾幾何時，我開始相信這樣的事，自創立京瓷以來，這是唯一能鼓勵我的基本思維。

人類都各自擁有美好的可能，至於能否發揮這種可能，就由努力來決定。因此，不要因為自己沒有金錢或頭腦不夠優秀而放棄，要相信自己擁有無限可能的這件事，最重要的是要拚命地努力去做。正因為相信自己的可能，並且努力去做，人類才會持續地進步。

能夠成就事物之人，就算遭遇到困難的打擊，只要他努力去做，就一定能解決，因為他們樂觀地相信自己的可能。

教給我們這種概念的是一百年前活躍在英國的探險家歐內斯特．沙克爾頓❶。他因為三度帶隊到南極探險而聞名，特別有名的是由他擔綱的南極探險隊員募集廣告，廣告內容的文字如下：

「徵求男子，艱難之旅，報酬不多，極度寒冷，黑暗漫長的日子，無止境的危險，不保證生還，成功之日可以得到名譽和獎賞。——歐內斯特．沙克爾頓——」

當時，沙克爾頓把人類史上首度橫越南極洲當成目標。把抵達南極點當成目標已經有其他探險隊完成了，但是橫越整個南極大陸是還沒有人完成的困難挑戰。一旦踏上旅途，就暴露在又凍又冷的激烈暴風中，沒有一定能生還的保證，在此前提下就算成功，就這種極端殘酷的條件而言，得到的報酬也是微不足道。

只要心懷一點恐懼或猶疑，或者無法相信自己「能做」的可能性，我想，任誰都無法在看到這篇充滿風險的廣告後跑去應徵。這不會正好是沙克爾頓的意圖吧？也就是告訴大家，這件事到目前還沒有人成功，但是只要你是真的相信，只要努力追求自己的可能性，就能成就偉大事業，我們就希望你成為南極橫斷探險隊的隊員。再者，如果不是由這樣的人組成的隊伍，也就無法在遭遇困難時不受到挫折，並且持續前進。

事實上，沙克爾頓率領的探險隊當時遭受到超乎想像的災難襲擊。搭載二十八名探險隊員的耐力號（Endurance）探險船被冰山的流冰困住，船身破損沉沒。在抵達南極大陸前失去船隻，他們並沒有充足的裝備和食糧，就這樣被遺留在浮冰上。

就在這種生死存亡的危險中，沙克爾頓發揮強大的領導統御才華，他不斷鼓勵步履蹣跚的隊員，為他們帶來希望。

首先他們在浮冰上搭帳篷，將日漸減少的食糧保留不動，然後捕獵海豹與企鵝，用海豹的油做為燃料來維繫生命。

過程中搭帳篷的浮冰裂成兩塊，沙克爾頓捨棄在浮冰上的生活，讓全部隊員都搭上救生艇。他決定在暴風不斷吹拂的南極海上，以尋找可以登陸的島嶼做為目標。沒有引擎只有小船和槳，在將近零下四十度的酷寒當中，全身冰凍濕透，仍朝著一個甚至不知道確切目標的方向前進，那身影確實是一幅悲壯的景象。

但是他們沒有露出一丁點悲壯的感覺，沙克爾頓率領隊員繼續前進。一個島跨過另一個島，越過海峽和山脈。就這樣不知不覺已經在酷寒之地持續生存了二十二個月。結果二十八名隊員一個也沒有少，全部生還。

雖然在嘗試橫越南極大陸的工作上他們失敗了，但是面對死亡時絕對不退縮放棄、終生未曾放棄不斷追求可能極限。像他們這樣不畏懼失敗、前往從未踏上的土地繼續挑戰的行動，我認為這才是別人無法模仿的偉業。

我認為不只是探險家，那些幾乎改變人類歷史的偉大發明家與發現者，正因為他們持續相信自己擁有無限的可能，才能達成大家認為不可能達成的任務。隨後，他們的成果也帶給人類和社會持續的進步。假設一開始他們就以「不可能」為由放棄工作，人類就永遠不會有進步。

只要你想到「這個有點困難」，一切就無法達成。抱持「不，我只是覺得要實現有一點點困難，努力一下應該可以吧！」這種模糊曖昧心情，也同樣不行。當腦中出現任何一點疑問或不安的感覺，隨後就要告訴自己「只要努力就一定能成功」。因為剎那間的躑躅、猶疑或疑問，都會讓原本無限的可能開始萎縮。

愈是具挑戰和獨創的工作，就愈需要異於常人的耐力、不斷重複的努力才能達成。在異於常人的耐力中還能夠收放自如，主要是因為打從心底相信自己「能做」。正因為內心具有「一定能成功」的信念，才能長期以超人的耐力繼續工作，從內心深處如沸騰般湧出能跨越障礙的鬥志。

譯注

① Sir Ernest Henry Shackleton，生於一八七四至一九二二年，愛爾蘭南極探險家，曾擔任帝國南極橫斷探險隊隊長。

拚命

人類就算被追逐，
陷入痛苦的掙扎，
只要能以真摯的態度去面對事物，
就能發揮意料之外的力量。

比誰都拚命努力去做好一件事

一九三二年，我以家中七兄弟中次男的身分誕生在鹿兒島市。雖然生於經營印刷業務、比較富裕的家庭，但是到了第二次世界大戰的一九四四年，我的命運起了很大的轉變。那年我在本地的名門中學入學考試中落敗，第二年又罹患結核病，漂流在死亡邊緣。更慘的是，我家在美軍空襲之下也被燒成灰燼。

戰後家境雖然貧窮，但是在班導師強力勸說、父母兄弟們的支援下，總算進入高中，也獲得考大學的機會。問題是，我沒考上理想大學的醫學部，只能進入地方大學的工學部就讀。

大學在拚命努力學習下完成，我畢業於一九五五年，剛好是韓戰結束、就職十分困難的時代。我只是地方新成立的大學畢業，沒有人際關係的我，實在很難找到就職的管道。

我的恩師前往京都專門生產送電專用絕緣零件的公司為我尋找機會，

總算被任用了。工作領域與我大學時期研究的有機化學完全無關，就任這份工作並非基於我原本的理想。

當時我是以最高成績從大學畢業，具有驕傲的一面，加上進入公司之後，發現這不但是家薪水遲發的虧本公司，辦公室與工廠的設備，甚至連宿舍都非常破舊，環境相當惡劣。或許是受到上述因素影響，我從進入公司那一刻開始，對所見所聞都感到不滿。

那時候與我同時進入公司的同事陸續辭職，我也打算加入日本的自衛隊，但是因為家人反對而未從軍。最後，只剩下我留在這家赤字虧損的企業。

支撐孤獨的我留下來的，是比我小兩歲的妹妹。看到我沒有任何設備獨自在宿舍裡煮飯，她便辭掉在鹿兒島百貨公司的工作，一句「要去幫忙哥哥工作」，就來到了京都。我住的宿舍附近有明治乳業的工廠，主要是煉製焦糖，妹妹在那家焦糖工廠從事包裝工作，晚上住在宿舍照料我的生活。

大約一年半，妹妹每天替我做早晚餐，因此我才能持續研究到深夜。我倚靠妹妹，妹妹也倚靠我。那時有一首演歌《生命的林蔭小道》（人生の並木路），一開始的歌詞就是：「不要哭啊！妹妹。妹妹不要哭，哭的話，年輕的我倆，就失去離家的意義了……」。每聽到這首歌，我的腦海中就浮現當時的種種情況。

在此情況下，我開始想要轉變自己的心情。「一直嘆氣、心情憂鬱也不是辦法，與其不停訴說不平不滿，不如試著埋首於公司交給我做的精密陶瓷研究工作吧！」於是下定這樣的決心。

到我覺悟與做下決定，大約花了半年的時間。不過當決定閉嘴不抱怨的瞬間，感覺上，以前那種不平不滿、或迷惑的感覺就像被風吹散了。從那以後我把自己做飯用的鍋碗瓢盆道具，全部搬進實驗室裡，晚上就睡在那裡。我一邊重複做實驗，有時到圖書館閱讀最先進的論文，從新的陶瓷組合設計到生產過程的開發技術，埋首在研究當中。

如果一邊發牢騷，那麼無論你正在做什麼事都無法順利進行。然而當我一頭鑽進研究裡，美好的研究成果也就接二連三地出現。之後我就受到上司的誇獎，甚至連股東都來跟我打招呼，工作也因此變得有趣多了。受此獎勵，我更加倍且重複地努力，接著又受到更高的評價，因此，我的人生也開始納入「好的循環」。

經過大約一年半的研究，我成功合成出新的高周波絕緣材料，即鎂橄欖石（Forsterite）。就在惡劣的研究環境中，繼美國通用電氣公司（GE/General Electric），我是世界上第二個成功合成這種材料的研究者。

使用這項新的陶瓷材料做成的製品，被日本的大型電機廠商用來製造電視機零件，開始快速普及。這件事不只是讓我這個產品開發者得到辛苦的報酬，客戶企業傳來的訂單也讓公司起死回生。也因此受到公司期待的我，很年輕就升任為現場的主管。

然而日後，因為與新任的技術經理發生衝突，於是我辭掉公司的工作，在二十七歲時，以自己的技術為基礎，跟支援我的各方友人，共同設立以京瓷為名的精密陶瓷零件製造廠商。

每當我快速回顧自己的一生，注意到了就因為我沒有因苦難而受挫，反而繼續拚命朝前努力，才會有今天的我，也因此深刻感受到拚命努力工作的重要。

人類就算被追逐，陷入痛苦的掙扎，只要能以真摯的態度去迎接事務，就能發揮意料之外的力量。

而且，在這樣的努力之後，就有超乎自己預料的美好未來為你展開。

自燃

所謂的拚命努力工作，是件痛苦的事。
為了能夠每天忍受這種痛苦，
必須要努力地去喜愛自己的工作。
唯有能愛上工作，從工作中找出喜悅的人，
才能獲得成功。

能燃起心中熱情的只有自己

人類大致上可分成三大類：自己就可以燃燒的自燃人類、靠近火就能引燃的可燃人類，以及就算靠近火也燒不起來的不燃人類。

在「開朗」的章節中我曾提到，「希望大家變成對未來擁有無限浪漫憧憬的人」。可燃人類還好，不燃人類可以說正好是與浪漫派相反的存在。除非你是自燃人類，否則不可能變成能自燃的浪漫派人士。

想要完成某些工作，一定需要很高的能量。而能量則是從鼓勵自己、讓自己燃燒之後產生的東西。並非友人交代或接到命令所以工作，在接受交代之前就已經想要去做的積極者，才是「能自燃的人」。

那麼，能讓自己自燃的最佳方法是什麼？那就是喜歡工作。就像「為愛不遠千里」這句話所形容的，喜歡的話就會不辭辛勞去做。懷著嫌惡的感覺做事，無論任何事都會讓人感到痛苦。

因為喜歡工作，即使在最辛苦的時候，還是可以將心情轉換成「拚命努力再做做看」的積極想法。如果能全力投入，達成工作目標，屆時就會產生成就感與自信心。在如此正向循環下，就會更喜歡工作，更加不惜努力，因而能展現更優秀的成果。

這正好就是我的實際感覺。我深深感覺到，在剛走出大學所進入企業裡，因為受到「喜歡上工作」的庇蔭，才有今天的我。因為喜歡上工作所以努力，我想不論是對人生或是工作，都是最重要的成功因素。

誠如先前提到的，我在大學攻讀的是有機化學。但是因為被內定錄取進了無機化學的企業，很快就投入陶瓷的研究，所研究的既非我學習的專業項目，也絕對不是我所喜愛的領域。問題是被追到無路可逃的我，除了自己眼前研究的主題外已別無選擇，因此我用盡方法努力讓自己去喜歡陶瓷。

因為根本不具備基本知識，我只好從閱讀文獻開始。例如從大學的圖書館借出過去的論文，學習論文的內容。此外也一邊翻字典，一邊閱讀美國陶瓷協會的論文。由於當時還沒有影印機，需要從必要文獻中摘錄內容，只能將重要處抄錄在大學時使用的筆記簿裡。就在這樣仔細翻閱文獻下進行著實驗。

拚著命學習之後就會產生興趣，然後更加熱中於做研究。我經常進到圖書館去查閱文獻，然後應用在實驗和工作上，然後再回到圖書館。就像這樣拚命地重複做著自己喜愛的工作，結果就像先前提到的，我是世界上第二位成功合成出新材料的研究者。

能夠完成偉大事業的，我想還是那種內心喜愛工作的人吧。他們有的是很幸運，一開始就找到自己喜歡的工作，或是透過轉換心情，將原本不喜歡的工作，努力變成自己喜歡的工作的人。

無論是從事企業工作或是往做學問的道路前進，首先讓自己「愛上」自己正在從事的工作是最重要的事。從「喜歡上工作」開始，然後就可以做到全心全意「投入於工作」。

即使是從事一開始就喜歡的工作，如果過程中只有痛苦，也很難持續做得長久。必須在工作的過程當中，找到喜悅與快樂才行。

我最早任職的企業開始量產新原料時，有兩名後來跟著我成為京瓷創社成員的年輕人，以研究助理的身分進入公司。當我工作到已經完全沒幹勁的時候，就會跟這兩個人去打棒球。

其中一人身材雖然矮小但擅長投快速球，控球很穩，是個難得的投手。另外一個經常守外野，或許是因為沒有打過棒球，當球飛往外野上空的瞬間，他就會把手套舉到頭頂上，用這個姿勢一直跑。

我想他如此笨拙一定無法接到球，沒想到他跑得飛快，拚命追著，總算讓他接到球。見到他這種姿勢，大家都抱著肚子大笑。打完球回到宿舍，喝了酒才解散，這也是記憶中經常出現的生活型態。

下雨天無法打棒球時，我們就用擦機器的抹布捲起來做手套，然後模仿拳擊比賽。兩個年輕人手上纏著布手套，我找到金屬器材當作鑼，「噹」的一聲，我們曾經在研究室裡進行拳擊比賽。如果心情總是緊繃著，會讓身心都受不了，於是我們就做這些事來緩和心情。

我也戀愛過。我第一次戀愛是在實驗室裡，坐在我前面的一個比我大四歲左右的女人。她既聰明又優雅，我對她產生了單相思，心想：「要是能娶她這樣的女子為妻就好了。」

在持續緊繃的日子裡，能夠一方面追求娛樂與戀愛的滋潤，一方面繼續努力工作。對我的人生而言，我認為這真的是一件好事。

從日常生活細節中找出喜悅與快樂，就可以更拚命努力工作，也能將痛苦的差事變成喜愛的工作。接著因為你喜歡工作所以就能得到好的成果，因此讓命運好轉。

CHAPTER 3

第三章——努力を惜しまないこと

不吝惜努力

真正的充實感會降臨在絕不放棄努力的人身上

勤勞

認真、拚命努力工作的行為，
會讓人變得偉大。
逃避受苦和勞碌經驗的人，
不可能建立令人欽佩的人品。

認真、拚命地努力工作

我十三歲時第二次世界大戰結束，就因為生於這樣的時代，我覺得要活下去，第一件意識到的事就是「勤勞」。要能夠屹立在已經化為廢墟的國土上，除了認真拚命地工作，沒有其他存活的技巧。

我家當時在經濟上非常貧困，但是從來沒有人感覺到不幸。只知道每天老實拚命工作，為了存活而全心全力地努力。

我想到的人就是母親娘家的外公和外婆。戰爭結束後，他們空手從滿洲回到鹿兒島，開始過著賣菜的生活。外公的學歷只是戰前的小學，每天採購蔬菜時都拉著人力貨車出去做生意。

沒有口德的親戚就會說我的外公，「那個人因為沒有學問，智慧不足，所以不論寒暑都得拉著人力車，滿身汗水地做生意。」用有點輕視的眼光看待他。

外公的身材很矮小。我小時候經常看到他拉著比自己高大的貨車裝蔬菜，無論是暑熱的夏季、或者寒風刺骨的冬季都出去賣菜。

我想外公恐怕完全不知道什麼是生意或會計，但是他卻拚命地工作，最後終於擁有自己的蔬菜店，直到晚年都持續把店經營得很好。

看著外公工作的身影，當時還是孩子的我就已經強烈感覺到，就算沒有學問，只要你默默認真拚命地工作，就一定會帶來美好的結果。

問題是，我們真的能做到隨時隨地都「認真拚命地工作」嗎？社會上有太多人自己根本不肯拚命努力，反而在承受災難時責怪他人或社會。

誰都無法改變自己的遭遇。但是總想從外在追求會導致不幸的因素，當然內心就永遠無法得到滿足，相反地，如果在不利的環境中也能勤勞努力地工作，最後還是可以抓住幸福。

至於所謂的勤勞，我認為，足以做為我們的模範者，應該就是二宮尊德（金次郎）❶吧？

二宮尊德出生在貧窮的農家，年幼時父母雙亡，由祖父母扶養，從小就一直過著非常辛苦的生活。但是他拿著一把鋤頭、一個鏟子，頭頂著早晨的星星，一直到夜晚的星辰，不停地在田間努力工作，最後終於將荒廢的村落，一個個重建起來。當時的諸侯藩主知道這件事之後，就借重他的力量來重建貧窮的村落。

尊德的看法是，村落荒廢的原因就在農民的心荒廢了。接著他只是手拿著鋤頭和圓鍬，持續埋頭在田裡工作。看到他的樣子，農民也開始拚命努力工作。就這樣，尊德將貧窮的村落一個接著一個地重建起來。

尊德晚年時，他的成就受到注意，德川幕府重用他，也經常召喚他上朝。到了明治時代，內村鑑三❷執筆出版《代表的日本人》，介紹日本人給西歐各國，書中如此描繪二宮尊德：

「江戶時代受幕府徵召的二宮尊德，本來只是出身貧農家庭，即便如此，當他穿著正式的禮服❸，走進宮殿中，舉手投足宛如貴族出身。」

也就是說，他那種優美大方的舉止，好到讓人以為他是出身高貴的家庭，幾乎跟當時的諸藩主沒有差別。

那是因為，尊德只是把務農當成他的修行方式之一，然後從農作中培養出自己的人生觀。他的例子正好解釋「勞動創造人格」的說法。

認真、拚命努力工作的行為，會讓人格變得偉大。逃避受苦和勞碌經驗的人，不可能建立令人欽佩的人品。唯有從年少時期就拚命工作、飽嘗苦難、磨練、鍛鍊自己的人，才能提升自己的性格，度過美好的人生。

我想，無論你現在境遇如何、最重要的就是要默默地、不怕粉身碎骨、拚命持續地工作。請你們相信，像這樣不辭勞苦就能夠塑造偉大的人格，創造豐富的人生。

譯注

①二宮尊德生於一七八七年至一八五六年，為日本江戶晚期的農政專家與思想家。
②生於一八六一年至一九三〇年，日本作家，基督徒傳教士。
③日文為「裃」發音 kamishimo，和服中男子的正裝。

向上

不枉度過每一天，
全力以赴地活著。
懷抱著進取的心，
切勿忘卻不懈的努力。

一步一腳印地重複努力是必不可少的

我們不該用自己現有的能力來評價自己，因為對所謂的能力而言，相信自己在未來能開花結果這件事更重要。

不枉度過每一天，全力以赴地活著。懷抱著進取的心，切勿忘卻不懈的努力。

在植物界裡，提早成長結成的果實日本人稱為「早生」，生長的較晚但是肥大的果實稱為「晚生」。同樣的情況也可用在孩子身上，有從小顯得聰明敏銳的孩子，也有開始學不好，到後來慢慢嶄露頭角的小孩。

在小學或初中學成績表現不佳的孩子，絕對不要因此感到悲觀。只要把自己想成晚生的、比較晚熟型的人，轉換心情之後開始努力就會成功。只要相信自己擁有無限的可能，只要付出不輸給任何人的努力，每個人都一定能獲得大幅度的成長。

想回顧一下我還年幼的時候。

小學時代，我很少讀書。我是經常不寫家庭作業，被罰站在走廊上、也常挨老師罵的所謂壞學生。

對我而言，有很多比學校的學習更有趣的事。例如，夏天忙著到住家附近的小河甲突川去抓鯽魚或鯉魚、蝦子和螃蟹，冬天則一直想去附近的主要山峰——城山抓綠繡眼。我實在沒花什麼時間在學習上，因此學校成績當然不會很好。

這種行為不良的孩子，面對上高中時會想到什麼呢？我想上好的學校，因此跑去報考鹿兒島最好的高中。結果當然沒有被錄取，第二年又報考還是沒被錄取，結果我不但晚了一年，還只能去讀私立中學。

進了中學，才開始為自己不愛學習感到羞恥。

事實上，如果在小學時沒有認真地學好算數，開始學代數、幾何等比較難的數學時就會跟不上進度。因此我就將小學五、六年級用過的算術課本拿出來，花一個月的時間全部溫習一次，結果不只是很難學的數學跟上進度，數學也變成我的拿手科目，學年成績也都排在前兩名。

問題可能是，我本來就是個懶惰蟲，等我進入高中之後，又開始怠惰不努力學習。放學後就在學校操場上打棒球到天黑。戰爭結束後我們的房子燒掉了，變得很窮，身為次男的我，照理說應該幫忙父母親才對，結果我整天都在玩耍。

後來有一天，母親懇切地告誡我：

「你跟生活有餘裕的朋友家庭狀況不同，我們家兄弟多，非常貧窮。所以你別再每天放學就去打棒球玩遊戲吧！多少也想想父親和哥哥的辛苦，幫忙做點家事好嗎？」

那時我才留意到，家人是在很勉強的情況下讓我去念高中，因此也深深地反省。於是我停止和過去以來的棒球朋友一起玩耍，放學後很早就回到家，開始幫忙父親工作。因為大戰前父親經營印刷廠的關係，那時父親正重新展開紙袋的生意，附近人家在家裡幫忙製作紙袋，交給父親去行銷販賣。

跟我一樣很早就從學校回家的，就是那些很認真學習的同班同學。他們都是以進大學就讀為目標。他們借我看《螢雪時代》❹這本跟升學有關的雜誌。那時我打算高中畢業就出去工作，完全不知道有這本雜誌的存在，就在朋友們借我看過期的《螢雪時代》過程中，我開始思考「真的有這樣的世界嗎？我也想前往這樣的世界。」

之後，除了從事賣紙袋的生意，我也非常用功念書。本來我的成績就是屬於上半段，那段時間之後學習欲望更加旺盛，因此到了高中畢業時，我已經拿到學校最高等級的成績了。

可惜的是我無法考上自己想念的大學，只能到地方上的鹿兒島大學工學部就讀。因為我們沒有錢，坦白說，我也認為就讀一所能從家中通學的學校比較好。接著我就經常踩著木屐、穿著外套（Jumper）到學校去上課。

高中後半開始對學習產生完全的興趣，因此大學時代的我已經變成了書呆子。對學問的興趣如泉湧，從學校返家途中一定會繞到縣立圖書館，借閱我最喜歡的化學類的書籍，大量地學習。大學四年可以說比別人更用功學習，回想起來當時真的非常努力，還有我的考試成績也都是名列前茅。

大學裡物理課程的考試，通常都已經決定好在何時考那些範圍。因此只要在考試日期之前，確實複習好已經決定好的範圍，就能得到好成績。

但是，我們班上還是有很多同學沒辦法這樣學習。例如，當朋友找他，聽到「喂！去看電影吧！」邀約，就覺得有必要跟朋友交往，然後去看電影。明明知道有考試，不用功讀書不行，卻還是跟朋友出去玩。就這樣，本來到考試還有充分的時間，結果他們一定是到前一天才慌慌張張開始讀書，然後在讀到一半的情況下迎接考試的日子到來。

這種人走進考場，一邊想著「啊！我準備不夠，那個部分多查一下就好了，如果不從那個部分出題就好啦！」然後進去考試。結果當然也很肯定，題目就從那個部分出來了，然後這些人就後悔莫及地說「我慘了」。

我最討厭這樣的事，初中和高中時代也曾經驗過這種讓自己討厭的事，於是我想，既然知道會如此後悔，何不事前徹底努力用功讀完書呢？那時我就下定用功讀書的決心。

考試有一定的日期，照理說只要在那天之前讀完書就可以，但是可能會出現料想不到的問題，讓你無法依照日程表去學習。因此才會讓人產生「我慘了」的想法。要避免產生這種想法，只要把完成日期提前一些來製作學習計畫就對了，這樣做之後，無論過程中發生什麼事，也一定可以在考試之前把書讀完才對。

我考慮到，自己應該做出更寬裕的計畫來念書，因此大學時代應付考試的讀書計畫，通常定在考試前十天就全部讀完，目標是取得滿分。

或許受到小時候曾罹患結核病的影響，我每次感冒就會引發嚴重的肺炎，時常發高燒，也有兩、三次在考試前才臥病在床，即便如此我還是考了滿分。

誠如先前提到過的，我絕對不是本來就很會念書的人。只是我抱持著「想變得更會念書」、「想讓考試更完美」的強烈思維，踏實地、反覆地努力，雖然那些努力都只是邁出小小的步伐，但是也確實地讓我得到成長。

只此一次的人生，不應該因漠視、過得毫無意義而被浪費掉。看你如何很認真地過著一天接一天，隨著每天反覆著一步步的努力，人生與工作就會不停地往前邁進。還有，這樣做也創造了我們生而為人的價值。

譯注

④ 歐文社／現名旺文社於一九三二年創刊，原名《受驗旬報》，一九四一年改為《螢雪時代》並發行至今。

熱誠

在人生與經營的馬拉松當中，
用百米短跑的速度，
持續跑完全程，
是可能做到的。

做到不輸給任何人的努力

當初我並非自己想要創業。誠如前面提及的，在前一家企業任職時，因為技術問題與上司發生衝突，年輕氣盛的我就說出：「那我就辭職吧！」結果就離開了那家企業。

那時沒有其他地方可去，剛好有位巴基斯坦陶瓷公司的企業家第二代，以前到日本從事技術研修時，我曾經教過他一些方法，我也接受這位企業家之子的工作邀約。當時我認為月薪大約是一萬五千日圓吧！結果那家巴基斯坦公司開出的月薪是三十萬日圓，因為他們準備如此高額的薪水，我當時還很認真地考慮要前往巴基斯坦。

但是我大學時代的恩師訓誡我：「你要賣斷你的技術嗎？到時等你回來日本，你仍然只是個技術人員，變成無用的人才了。」因此我斷了去巴基斯坦的念頭。那時先前任職企業的上司跟他的朋友認為：「就這樣埋沒你的技術太可惜了，不如你自己創業吧？」結果他們湊出三百萬日圓的資金，幫我成立了公司。

支援我的主要人士與我父親同年，京都大學電器工學科系畢業，他出身寺廟住持，是個擁有優異思想的人。「我不是以資本家的立場出資，是因為欣賞你，想要讓你做這個事業，所以拿錢出來。因此這個企業的經營絕對不是為了想賺錢喔！」我記得他經常說這些話。

實際上，那時我對經營企業或股票完全不具備知識，他卻把股份全數給我，並且說出「請你來經營」，全然地信賴我，所有的事物都交給我，這也就是京瓷這家公司的起點。

其次，這位人士還用自家的房子擔保，向銀行抵押貸款一千萬日圓，替我準備了公司營運時需要的周轉金。他的妻子也是非常了不起的人，自己的家被拿去抵押作保，萬一新企業經營不善，連家都不保。結果她對我說：「一個男人能夠為欣賞的人花錢，不就是符合自己的夙志嗎？」

正因為京瓷是用這些人的「心念」為基礎建立起來的，所以自從創業以來，我就想到絕對不可以讓企業倒閉，無論如何一定要還掉貸款。我不分日夜，用不輸給任何人的努力與熱誠，拚命、瘋狂地從事經營至今。

我經常以馬拉松為例，告訴員工當時的狀況。

「京瓷是剛出生在京都的企業，身分就像是一個來自鄉村的青年。這位青年拚命努力練習長距離跑步。他的穿著只有塔比鞋❺配上貼身褲，看起來很破爛的東西。不過看到他跑步姿態的人都說『好像能跑喔！』從後面推他一把。年輕人身子往前傾吸收能量，然後就跑起馬拉松，加入所謂企業經營的長跑了。」

京瓷創業時間是在一九五九年。戰敗之後，日本經濟一度崩毀，企業新經營的起跑點為一九四五年，也就是說戰後的經營長跑比賽是由這一年重新開跑。由此看來，京瓷的起步已經是非常晚。

比賽當中有歷史悠久的大企業，也就是說，從以前就不斷練習馬拉松，經驗與實績均很豐富的老將級選手也組成大隊人馬跑在隊伍中。這些企業非常了解要用什麼樣的速度與耐力分配，才能跑完四二・一九五公里的距離。此外，戰後黑市暴發戶出身的企業家也成群地跑在選手當中。他們活用本身所具有的超強馬力，積極展開競賽。就像這樣，從一九四五年開始，著名的選手與有力的新人陸續加入比賽，一起開跑。

京瓷這位鄉下出身的新選手，晚了十四年才去參加。如果用一年一公里計算，跑在前面的團體早就領先十四公里，這就是當時的狀況。在此情況下，從鄉下來的業餘選手如果用自己的速度慢慢地跑，根本不是他們的對手。

因此我全力奔馳，也就是說用百米短跑的速度開始跑馬拉松。夜以繼日地用那種死命狂追的熱誠持續工作，這樣做之後，當然引起員工和出資者們的擔心，他們對我說：「用那種不合理的速度工作會把身體搞壞，所謂的企業經營是馬拉松賽跑，像你這樣勉強的跑法，萬一跑到一半沒氣了，中途就會倒下，根本跑不到終點。」他們非常關心我。

問題是，我認為既然投入賽跑，就該用跑百米的速度開始，多少能夠趕上跑在前面的隊伍，拉近距離。還有，如果最初就無法保持勝算，至少也要在前半場結束前能跑多快就跑多快，我抱持著讓世界承認我們存在的想法，盡全力地持續跑步。

這麼做了之後出現有趣的現象，即便用跑百米的速度持續衝刺，竟然也不會減速，可以一直跑下去。還有我們的企業變大了，不斷超越跑在前面的大企業，變成這個產業的第一名。

或許在真正的馬拉松比賽中可能看不到，但在人生與經營的馬拉松中，用百米短跑的速度，持續跑完全程，是可能做到的。

我希望各位讀者在人生中不要選擇容易走的路，要持有不跑輸給任何人的熱情，日復一日認真地跑下去才好。

譯注

⑤ 日文為「地下足袋」，為布面兩指的高統鞋。

CHAPTER 4

第四章——誠実であること

誠實

用正確的姿態，追求探究正確的事物

真摯

經常走在正途，
竭盡熱誠做好工作。
不可迎合對方，
用「這樣好做事」為由
過著凡事妥協的生活。

無論有多少障礙，自己都要活得正直

所謂的人性就是遇到瓶頸時，即使良心知道這樣做絕對不好，還是會想「這樣做也還好吧？」最後還是做了壞事。甚至用一句「結果是好的就好」為自己脫罪，結果雙手就染黑了。

經常走在正途，竭盡熱誠做好工作。不可迎合對方，用「這樣好做事」為由，過著凡事妥協的生活。

無論立足於多困難的局面，都應該貫徹走在正道。也就是說，我認為生而為人應該一貫秉持正確的思考方式，並且採行誠實的生活方式才對。

這理念讓我想到在創立京瓷之前，在我所任職的企業發生的一件事。我是在大學畢業後進公司，就像先前提及的，因為成功開發出鎂橄欖石這種高周波絕緣性質佳的精密陶瓷材料，我所率領的產品開發團隊從原有部門獨立出來，時間就在我進公司第二年，我就在職場獲得實質地位的提升。

從我還在孩童時期，我就抱持著強烈的正義感，對那些不公正、違反良心、不認真的事就很反對。或許受此影響，我對自己的部屬也要求他們凡事必須追求正確，也想把公司變成有人生目標的職場。

當時任職的是一家製造電線杆上使用的絕緣體礙子的老企業，戰後因為業績持續低落，因此經常產生勞資爭議。

公司因此持續虧損，員工待遇很差，大家工作時間內都不願努力工作，下班後繼續做非必要的加班，員工想多領點加班費變成常態。問題是，這一來人事費用就提高，產品成本也會因此攀升，考慮到這點，我宣告禁止加班。

這樣做讓員工們非常不滿，他們認為，多數的職場的員工都懶散地工作然後加班，也有加班費，只有我們的職場，白天已經拚命努力工作，加了班結果還領不到一毛錢的加班費。大家開始抱怨。

面對這樣的職場成員，我說了以下的話：

「雖然現在各位很辛苦，但是如果不需加班用低成本生產，我們就會有競爭力，未來可能因為訂單太多，公司會要求加班到你根本不想加，請繼續努力到那種情況出現。」

那時，雖然也有部分有心人贊成我的說法，但是也有人說我「你明明不是管理人員，卻提出比老闆還嚴苛的要求來虐待員工」，並提報給工會的審問委員會，也就是說，我被他們用「人民審判」方式列罪狀給我，抓出來鬥爭。

從大門進入公司，正面有一個水池，在水池旁堆很多個裝礙子的木箱，我還記得自己曾經被迫站在木箱上。

「這種想討好公司的人，不但差遣我們這些弱勢勞工，還賣弄技巧諂媚公司，就因為有這種人存在，我們勞工才會如此痛苦，這樣的男人應該辭掉他。」

從這樣的發言開始，那些圍繞著木箱的工會成員，團團圍住木箱，想把我變成公開受審的犯人。

不過我卻大膽地用以下的話來反駁他們。

「想要將我開除的各位，那些認為我有問題的人，不論我如何訴說這間公司的艱苦狀況，希望他們努力工作，他們還是只會破壞不去工作。大家如果重視這樣的人，這個公司勢必會倒閉。」

「那種可以心平氣和看著公司潰散的人講的話是正確？還是貫徹走正路的我所講的話才是正確？是大家該去判斷的事。聽完我的話，大家若還是想開除我，就隨你們高興吧。」

我也曾說出如此嚴厲的話。無論如何，那是我身上擁有的正義感讓我說這些話，即使說出來會讓自己落入不利的狀況，我也要貫徹走在正道上。

有一次我說了非常嚴厲的話，結果不但引起員工群起反彈，這些人還拿錢請人晚上伏擊我，那時受傷留下的疤痕至今還留在臉上。

他們以為修理我一頓之後，第二天我一定就不敢去公司上班才對。結果第二天早晨，我臉上包著一圈一圈的繃帶繼續到公司上班，大家看見後都受到驚嚇，但是從那次以後，像這樣的威脅就不曾再出現。

當時我確信自己所做的是正確的事。同時也因為反省「為何自己做的是對的，卻無法得到理解呢?不理解我還好，但是為何大家都討厭我」，感到非常煩惱，充滿孤獨的感覺。

接著我就在工作結束後的深夜，一個人坐在流過宿舍旁的小河邊，一邊想著故鄉一邊哭著哼出《故鄉》其中的一段歌詞，「在那座山頭，追逐野兔……」❶。這樣的事不知何時被宿舍的人知道了，「稻盛又在小河邊哭了嗎?」因此而出名。那時我一邊唱歌，一邊忍受孤獨，然後想要貫徹自己的志向。

此外，那時我也經常如此自問自答:

「雖然你想說自己的說法才是對的，卻因此讓職場的人際關係變得不圓融，讓部屬們感到不滿。想要順利在此世界度過，有時也得扭轉一下自己的信念，稍微迎合一下大家才對吧?」

問題是經過一再地思考，我還是無法這樣想。最後一定會獲得「或許會讓部屬討厭，但是我還是得主張正確的事就是正確，這樣才行」的結論，然後重新鼓起勇氣，回到宿舍。

我只選擇自己相信是正確的道路，然後專心一意地努力往這條路上走。因為被我這種風格所吸引，許多上司、前輩以及部屬就開始認同我，接著成為京瓷的創業成員，成為企業發展的推手。

自問「生而為人，何者才是正確」，然後持續不懈地走在正確的道路上。就算已經知道會遇到困難，還是要樸實貫徹走正路。這種真摯的姿態或許在短期內會遭到周遭的反對，因此被孤立。但是用更長遠的空間結構來看待人生時，這樣做一定會得到回饋，帶來豐碩的成果才對。重要的是，必須相信這樣的事，然後選擇不向錯誤妥協的生活方式。

譯注

① 這是一九一四年由高野辰之作曲的日本民謠。

意志

想要達到遠大的目標，就必須擁有
「無論如何，都要以到達山頂為目標攀登」
這等強烈的意志，
用垂直攀登的姿態去挑戰才行。

大膽定下遠大目標，朝前努力達成

京瓷當初是一家小企業，借用京都中京區西京原町宮木電機公司的倉庫，開始管運。

根據熟知當時事務的京瓷老幹部的說法，當初我時常對著員工說出這樣的話：

「好不容易京瓷這家公司成立了，大家要努力，首先把它變成原町最大的公司吧！變成原町第一之後，接下來變成中京區第一大的公司，變成中京區第一之後，接下來是京都第一，京都第一之後變日本第一，日本第一之後不就是要變成世界第一了嗎？」

才剛創業沒多久，只要有機會我每次就會說這些話。

前往京瓷途中就有一家京都機械工具公司，專門生產套裝的扳手等汽車修理工具，後來成為汽車公司旗下的供應商。從早到晚我都可以窺看到這家公司的員工不停地努力工作，機器發出捶打的聲音。

直到晚上十一、二點我下班回家，看到他們還在努力工作。接著第二天的一大清早我正要上班，他們還是一樣拚命工作著。那種努力已經到了讓我懷疑他們到底幾時才睡覺的程度了。

因此，我說要變成原町第一，就算只是原町第一也要先超越這家京都機械工具才行。更何況如果要變成中京區第一，在電車軌道對面還有一家、後來出現得到諾貝爾化學獎研究者的島津製作所❷。我的專長也是化學，大學時代就使用過島津製作所的測定儀器，因此非常了解其優秀的技術能力。

想要成為中京區第一，就得超越這家島津製作所才辦得到，可是我自己都還沒搞清楚該怎麼做，就不斷大聲喊著「中京區第一、京都第一、日本第一、世界第一」。

我想，如果你想拿到世界第一，同時還要具有適合的哲學、思考方式才做得到。

這方面我可以用登山來做比喻。

像學校裡的遠足社團，只到附近的小山像遠足般散步一下；這跟登頂世界最高峰、甚至還是在冬季攀登，兩者所需的裝備完全不同，行前的訓練應該也不一樣。

那麼，京瓷的目標到底是哪座山呢？以新創企業展開經營，以中小型企業完成股票上市，發展成有一定規模的企業，就要以這樣視為成功了嗎？還是說，以達到世界第一為目標，憑著絕不輸人的拚勁不停努力，繼續不斷求進步？

如果目標是前者的小山，或許只需要一般的裝備，也就是說適合攀登不太高的山、或比較容易達到目標所需的哲學或思考方式就夠了。但目標如果是後者的世界第一，就應該具有符合所需、認真且高尚的哲學和思考方式。

關於此點，我曾經對員工做過以下的解說：

「我想在人生中達成的目標，是攀登最險峻的高山。在前一個企業任職時，我也沒考慮到自己的分寸，想要爬上根本不可能抵達的山。如今我就掛在垂直聳立的岩壁上，想要以攀岩的方式登頂，請大家一定要跟在我後面。」

問題是，要垂直攀登這樣險峻的山，只要手稍微鬆掉、或者腳踩空了，就會墜入幾百米深的山谷中。大家想到這些手都僵硬，腳縮起來，內心充滿恐懼、宛如驚弓之鳥。甚至有人提出「我不想跟你了，我想辭職」的要求。

狀況縱然如此，我還是大膽地去登山。有時我也會突然問自己以下的問題：

「大家都認為，用如此嚴苛的生活方式會活不下去不是嗎？這樣的話，就不要什麼垂直攀登了吧？不是有需要繞點路、從山腳下慢慢登頂的方法可以選嗎？」問題是，自問之後的自答通常是：「不，我不想採用這種繞遠路的方法，那是惡魔的耳語。」

我經常修正自己的想法。

想登高目標的險峻高山，卻用迂迴緩慢的方式，這是向世間或常識妥協、也是向自己妥協的生活方式。用這樣的方法，就算走完一生，也無法達到自己當初所描繪的目標。

當時我想，為了確實達到崇高的目標，就算沒有人願意跟隨我，或許自己會滑落谷底，我還是決定要攀登岩壁，冒著危險直接攻頂。

問題是這樣一來，很可能當初跟我一起創立京瓷的七位夥伴，一個也不肯跟著我走，我也曾有過這樣的恐懼心理。

我還記得當時曾對我的妻子說：「即便沒有人跟隨我，只要妳相信我就好，到時記得要從後面推我一把喔！」

這個絕對不是對妻子的撒嬌情話，而是萬分恐懼，我擔心會不會真的沒有人跟隨。因此真心地拜託妻子：「我只要妳相信我就好。」

當時我下了很大的決心，「只要有妻子一個人相信我，無論到哪裡都跟隨我，那麼不論遇到多大的困難，我絕對不會停止垂直攀登這件事。」

實際的情況是，在我退出創業前任職的公司時，跟我一起攪拌陶瓷原材料粉末的七個夥伴，他們都相信我，也跟隨了我。接著我就跟這群心連心、結合在一起的夥伴一起創立京瓷，之後也貫徹垂直攀登的作風。

我認為如果要達成很高的目標，就得抱持「不論做什麼事，都要以攻頂為目標，然後攀登上去」的強烈意志，得用垂直攀登的姿態去挑戰才能成功。正因為是險峻的岩山，所以要持續抱持直直往上爬的思維。就人生而言，這也是成功的真諦。

譯注

②日本的精密儀器製造商，成立於一九一七年，其員工田中耕一獲得諾貝爾化學獎。

勇氣

所謂的勇氣不是比腕力的自信，
也不是敢吵架的愚勇，
而是原本個性溫和、
膽小而謹慎的人，
因多次的試煉，建立自己的氣度，
並從中學習。
這樣才是真正的勇氣。

連自己都可以捨棄的人是強者

外表看起來力氣十足、講話豪邁的人，會讓人感覺這人有肚量、值得信賴；但是，出意外時這種人大多沒有幫助。我曾經碰到不少這種事實上不值得信賴、光說不練的人。相反的，我發現那些平常有點膽小，但是又很溫順、細膩型的人，在意外的時刻往往能發揮勇氣。

舉出這樣的話題，回顧我的經驗時，我發現所謂的勇氣不是比腕力的自信，也不是吵架的蠻勁，而是原本個性溫和、膽小而謹慎的人，因多次的試煉，建立自己的氣度，並從中學習。這才是真正的勇氣。會這樣想的理由，或許跟我本來也是個膽小又謹慎的人有關吧！小時候我非常愛哭，記得小學低年級時候，儘管在家裡稱王又耍賴調皮，但是我真的不敢一個人去學校上學。有母親陪我就上學，問題是當我走進教室，母親轉頭要回家時，我就放聲大哭變成膽小鬼。

日後雖然我當上孩子王，但是與生俱來的個性並未改變。大學畢業後從鹿兒島到京都時，我只能講帶鹿兒島腔的方言，接到需要用標準日語回答的電話就感到恐懼。幾乎可以說是每當附近的電話鈴聲響起，我就害怕到一直期待旁邊有人來接的程度。原來我也只是個不甚可靠的鄉下年輕人而已。

因為我以往是這樣，當我剛創立京瓷時，也會因為自己到底能否做好經營者的工作而感到非常不安。到底自己是否適合擔任經營者或領導人？我不但沒有自信，甚至對自己抱持疑問。

但從另一個角度看，面對能夠信任當時只有二十七歲的我，願意賭上自己的人生來追隨我的七位夥伴，還有二十幾位對人生抱著光明的希望，高中才剛畢業的年輕員工，我絕對不可以讓他們失去方向，當時我內心湧出這種強烈的意念。當時我的腦海裡只有一個念頭，不論怎麼做，就是絕對不能讓這家公司倒閉，一定要讓這個事業成功才行。就是這種「非守護公司不可」、「非守護員工不可」的義務和責任感，帶給我所需要的勇氣。

這個話題讓我想到一個故事。

京瓷創立之後，很快的，只用分租來的倉庫已經無法趕上生產的速度，我在滋賀縣建了新的工廠，因此員工經常要往返京都與滋賀之間。有一天深夜我接到警察打電話來說：「你公司的員工開車在滋賀縣的國道公路上撞到人，對方死了，請你快來！」我記得此時大約是半夜兩點到三點，我立刻飛快趕到現場。

聽警方說，這位員工運材料去滋賀工廠，正在趕回京都途中，結果國道上竄出一個男人，他閃避不及所以撞上對方。被撞死的男人據說剛從小酒館喝完酒走出來。

這位開車的員工是個年輕人，從大學畢業開始上班至今也才一、兩年，是個非常認真的青年。我到達現場時，那個員工自責到失了魂般地號哭著。警方也在擔心，他會不會突然竄入車來車往的國道，結束自己的生命。

有個小餐廳就在離現場大約五十公尺的地方，我取得警方的同意，為了安撫年輕員工的情緒，把他帶到餐廳裡。「你從傍晚就沒吃飯了吧？無論如何先吃點東西吧。」我如此告訴他，但是這位員工沒動筷子，只是繼續哭著。我不得已只能叫他到旁邊休息一下，我則眼睛沒闔過，在旁邊守著他直到天亮。

早上在警方調查後，我帶著員工到喪家去道歉，結果引發事故的員工兩腳發軟，走到喪家大門就無法走進去。我只好帶頭走入，結結巴巴地自我介紹我是某公司的總經理，是來道歉的。

「我的員工做了無法挽回的事，非常抱歉。」我把頭頂在榻榻米上說著。但是，「滾回去，把我家的人還來！」我還是處於一片罵聲當中。喪家已經把遺體安置妥當，親友們也都集合了，那種場面對我們而言只能說很想逃走。

我的員工跟在我的背後，只是一直哭泣。我一方面保護他，一面央求他們：「非常對不起，我的員工已經犯下錯了，無論發生任何事我都會讓他負起責任，今天無論如何，就讓我們為死者上炷香。」或許是誠意多少有傳達到，喪家讓我們為死者上香。

從喪家出來途中，我對著員工說：「所有的責任都該由公司經營者的我來負。我會全部處理，你不要擔心，拿出精神來。」處於情緒混亂狀態的員工聽完我的話之後，總算慢慢恢復理智。

之後，我對喪家，盡了當時京瓷最大的能力給予補償。或許還不夠充裕，結果還是得到遺屬的諒解。

發生這件事的時候，我還處於三十歲上下的年紀，根本沒有處理這種事情的經驗。如果當時處於普通的精神狀態下，或許會因為恐懼而說不出話。問題是無論怎麼樣，我都得守護我的員工。我想我一定要對這孩子所引發的事故做出補償才對，根據這樣的想法，頓時內心就湧出勇氣，一點也沒有想逃避責任，正面地解決眼前發生的問題。

從以上的經驗我也想到，無論遭遇多大的困難，最重要的事就是抱持勇氣面對。

產生這種勇氣的來源，就是對他人的體貼之心。先捨棄自我，無論自己怎樣都沒關係，只要你想為對方竭盡心力，真正的勇氣應該就會出現。

CHAPTER 5

第五章——創意を凝らすこと

凝聚創意

要改善到今天比昨天、明天比今天、後天比明天更好才行

完美

因為最後一%的懈怠，
也可能導致全盤皆去。
為了看到自己的努力開花結果，
就得經常要求自己做到完美才行。

要求完美的姿態能製造自信

從年輕時開始，我就把「貫徹完美主義」當成自己的格言。開始強調「貫徹完美主義」的原因，部分是基於我本身的個性，也有來自從事研究開發工作的經驗。

當你挑戰根本沒人做過的研究開發工作時，因為沒有實驗資料等可以比對，只能自己親自用雙手摸、雙腳踩來確認，所有的事物都只能靠自己去驗證然後繼續做。也就是說把自己當成指南針，由自己決定前進的方向才行。

這時候最重要的根據就是對自己的自信心。除了個性，在技術方面也要確信自己擁有能力才行。沒有確實擁有這些東西是不行的。沒有自信認為自己是完美的人，往往用半吊子的心態做事，對事情的結果也缺乏自信。這種人絕對無法從事創新性質的工作。

以陶瓷為例，例如在混入的多種材料當中，只要有一種放錯了，或者只是份量有點誤差、混合的方式不好，就做不出擁有你期待特質的材料。

事實上，我在做實驗的時候，就發生過這樣的情況。

在實驗室混合粉末狀原料時，使用的是瑪瑙做成的研缽和杵。我一邊思考「我想要合成這種陶瓷」，然後放入已計算好份量的原料，在研缽裡開始拌混。照理說，攪拌的時間愈長，結果一定是愈均勻。問題是，到底要用多少時間來攪拌？

製造陶瓷時必須混合氧化鎂、氧化鈣等粉末狀的原料。想像一下混合進口小麥粉的情況就很容易了解。例如，我們要將不同顏色的進口小麥粉混勻，剛開始攪拌時會呈現斑駁的顏色，拚命地攪拌之後顏色就變得均勻了。如果是液體，這樣做就可以達到均勻，但是我們不知道，如果是固體，到底要做到哪種程度才算完全均勻混合？

即便顆粒變得更小，甚至直徑到達約千分之一毫米，用顯微鏡觀看，依然會發現並不算真的混合均勻。因此，想要製作出混合得更均勻的材料，就會面對不知道攪拌多久才正確的問題。

無論是用研缽混合，或是使用可以同時切碎和攪拌材料的「球磨機

(Potmill)」代勞，要判斷在什麼時間點上能達到完全混合均勻，依舊是很困難。

因此我經常一邊攪和著研缽裡的材料，一邊思考「所謂混合這項工程已經是非常難了。問題是沒有把所有的過程都做好，就做不出自己理想中的陶瓷。要怎樣做才能做出完美的東西呢？」

假設某段工程稍有閃失而失敗，那麼所投入的材料費、加工費用、電費等所有的開銷就浪費了。

結果不只是對企業造成損害，倘若造成延遲交貨，也會對客戶造成困擾。

京瓷的規模還很小的時候，幾乎都是客戶下單後才生產，業務人員會先拜訪客戶，客戶提出「請你們做這種陶瓷的零件，在這個時間內交貨」的要求時，我們一定會回答「一定可以及時做好」來接下這張訂單。由於客戶會依照約好的交期，來排定需要這個零件的機器的生產計畫，因此一定要在約定的日期完成交貨才行。

但問題通常都是發生在這樣的時候：交期已經迫近、卻犯了一點點的錯誤，造成產品不良。這項產品的原料從混合到完成如果需要花費十五天的時間，萬一在最後出貨前才失敗，那麼就還得花十五天才能製作出新的一批。我們也需要去跟客人拜託「請再等候十五天」才行。

然後客人一定會回應「就因為委託你們這種爛公司製作，才害得我們的生產計畫變得混亂」、「再也不跟你們往來了」，並痛罵我們的業務員，讓他哭喪著臉回到公司。即便如此，還是得再度拜訪客戶，誠心誠意對他解說原委，無論如何請他原諒，並答應盡可能早點交貨。正因為嘗過這樣的辛酸，了解只要一點點閃失就可能釀成大禍，因此京瓷到今天還是貫徹執行完美主義的政策。

也就是說，從製造到交貨為止的全部工程，即使只是出現幾個百分點的少許錯誤，至今的努力都會付諸流水，因此必須貫徹連一瞬間也不能停頓的完美主義，企圖做到一〇〇%完美才行。這就是製造產品的世界。

無論人生或工作，因為最後一%的懈怠，也可能導致全盤皆去。為了只想看到自己的努力開花結果，就得經常要求自己做到完美才行。

挑戰

想要成就新事物，
擁有「無論如何一定要完成」
的鬥志是必要的。
無論遭遇什麼障礙，
唯有能努力不懈、
跨越障礙的人，
才能迎向挑戰。

擁有不屈不撓絕不放棄的鬥志

「挑戰」是一個代表勇敢，令人有正面印象的詞彙，不過當你想成就新事物，「不論怎樣都要完成此事」的鬥志是必要的。否則光在口裡喊著挑戰，也只是空虛的口號而已。無論遭遇什麼障礙，除非你是能努力不懈、跨越障礙的人，否則也無法進行挑戰，這也是我的想法。

面對各式各樣的困難或壓力侵襲而來，我們往往變得怯弱，也容易扭曲當初自己懷抱的信念，向困難妥協。事實上，能袪除這種困難和壓力的能量來源，就是當事人不屈不撓的鬥志。

「我絕對不會輸，一定要完成它」，必須燃燒出這樣激烈的鬥志才會成功。

面對京瓷內部，我經常說到「當你們想『啊！不行了』的時候，工作才正要開始。」不過，那也是根據我年輕時的經驗才悟到的道理。

在我創立京瓷之後，很快就得為了確保明天有飯吃，以開拓新客戶為目標，持續投入陌生開發的業務。問題是京瓷那時既沒有知名度也欠缺信用，更缺乏實績，就算上門去推銷，幾乎都是吃到閉門羹。

最令我憤恨的是，我去訪問一家電機大企業的經歷。那時我什麼也不知道，就要求拜訪製造真空管部門的技術人員，我直接上門造訪，然後拜託守衛人員通報，結果對方說了一句「就算你很急也不行」，然後我就被拒絕在門外。

即便如此我還是不放棄，去拜訪好幾次，有一次總算見到技術人員。這位技術人員告訴我：「你並不了解我們公司，我們是屬於財閥的關係企業，如果要採購陶瓷製品，也會從相同集團的關係企業購買。京瓷這種既不屬於集團，也沒有實績的無名企業，你就算突然來拜訪，我們也絕對不會向京瓷採購。」他言詞冷漠地直接拒絕我。

當時的我也不知道如何去突破眼前遇到的事情，也就是所謂集團內部交易的障礙。跟我一起去的年輕業務員早已嚇破膽，但身為領導者的我當然不可以低頭認輸，於是對他說出：「被拒絕才是業務工作的開始，思考如何打破困難的狀況才重要。」一方面提振年輕業務已經受挫的士氣，一方面也是在提醒自己。

就這樣，無論有多大的困難狀況來襲，我也絕對不會放棄，發揮超強耐力繼續拜訪客戶，努力爭取訂單。要描述這樣的努力，只能說像滴水穿石。也就是說，只用一滴水雖然連潤濕石頭都做不到，但是如果連續一直滴不停，那麼就算是水滴，也可能穿透石頭。

能用如此堅強的意志力持續挑戰，最後必定可以殺出一條血路。事實上，京瓷之後也以不屬於集團、沒有實績和信用、被認為不可能跟對方交易的企業身分，取得該企業的陶瓷產品訂單。這樣的故事也曾發生在京瓷與其他電子大企業身上。

透過這種做法，秉持強烈的意志向困難挑戰，得到被認定不可能拿到的訂單，接著無論收到的是如何難達成的訂單，一定會想盡方法努力照合約日期交貨，不斷開拓新客戶，然後擴大業績至今。京瓷就是這樣的企業。

過程中，最重要的是相信自己的可能性，然後持續探討解決方法。

我不論碰到多困難的局面，就想著「目前為止的方法行不通，難道就沒有別的方法嗎？一定有打開活路的方法才對」，就這樣持續拚命思考突破的策略。也就是說，無論情況多嚴苛、困難，為了克服這些困難的狀況，我還是會用盡各種條件去思考具體的解決方法。

所謂能將挑戰導向成功的做法，就是指隨時隨地能思考這種創意的手法，也就是解決問題的具體作為。挑戰不單指堅強勇敢、對工作執著力強或只是相信自己的可能而已。無論你怎麼做，都需要能徹底思考出打開困難局面的具體解決方法。

如果能在遇到任何困難時都相信自己成功的可能、絕對不放棄、繼續執著的思考、反覆凝聚各種創意工夫。自問「難道是這樣嗎？或是那樣嗎？」不斷付出比任何人都多的努力，就能夠開闢當初認定的困難狀況，成就自己的挑戰。

心力

一天花在創意的心力，
雖然只往前進了一小步，
但是重複累積起來，
最後就是導向革新的一大步。

傾全力於今天的事物，經常做有創造力的工作

我在京瓷的員工人數還不到一百人時，就開始念著「京瓷要以全球的觀點，往世界的京瓷前進！」在還是一個小企業時就將眼光放在全世界，可以說是具有高遠的目標。自己設定遠大目標的好處是，能夠聚集朝向目標的能量，也因此能完成意料之外的偉大成就。然而實際的情況並非只是一直朝遠大的目標前進，而是一天、一天拚命努力活著。

「今天一整天都拚命地活著，自然就看得到明天；明天也拚命地活著，就看得到未來的一星期；一星期都拚命努力地活著，就能望見未來的一個月；整個月拚命努力地活著；就可看見未來的一年。拚命努力活過今年，就可以看得見明年。因此，把每一個瞬間都傾盡全力去活好，這件事非常重要。」

根據此思考方式，首先就是不斷重複努力地確實做到每一天的目標。

雖然有相當遠大的目標，但是自己的步伐卻很緩慢無法往前進的話，

大多數人都會放棄這個目標。但是我的做法不一樣，我只重視眼前的每一天。當非常努力地工作時，一天很快速就過完了。但是，這樣的日子一天、一天反覆累積，最終的結果就是可以達成原本覺得距離遙遠的世界第一的目標。

要走太遙遠的路，光是想就累了，於是感覺到自己沒有能力，因此受到很大的挫折。所以，我應該把遠大的目標放在潛意識裡，確實走過眼前的每一個日子。這樣一來，連本來不知道的地方也都能走得到。

雖說如此，如果每天重複做著單純的工作，漸漸就會疲乏失去張力，因此我不但擁有可以不討厭單純工作的祕訣，同時也想出一套可以讓踏實努力加速前進的方法，這就是所謂「打造創造力」。

乍見之下，打造創造力好像是很困難的東西，其實就是指讓明天比今天更好、後天比明天更好，必定能不斷改良改善的能力。從事同樣的研究、工作也一樣，今天先用這種方法做做看，明天也要思考更有效率的做法，我經常用心力去思考打造這些創造力的方法。能用到這樣的創造力，就能達到超乎自己想像的、美好的、進步與發展的成果。

一天花在創意的心力，雖然只往前邁進了一小步，但是重複累積起來，最後就是導向革新的一大步。這項事實，由京瓷的歷史就可以證明。

京瓷剛創業時，因為無法出示精密陶瓷的尺寸精確度與特質，因此產品不被認定是工業用材料。但在同業間不但是最後出發、也是最弱小的京瓷公司，卻迎頭趕上擁有悠久歷史的超前大企業，向開發高規格新產品、根本不可能符合成本的困難產品挑戰，一個接著一個也都成功。此外，京瓷也企圖讓產品應用在從來沒有想像過的新領域，努力開發出新市場。

透過京瓷這樣的挑戰，才有今日的精密陶瓷。這種每個人生活上不可欠缺的工業材料，如今被活用在各種不同產品、同時也是最先進技術的領域裡。

例如，世界上首度成功從小行星帶回採樣物質的日本小行星探測機「隼鳥號」，所使用的鋰離子電池當中，就使用了京瓷製作，強度、耐腐蝕度、耐熱度、絕緣度都特別優異的精密陶瓷零件。此外，日本引以為榮的超級電腦「京」的核心部位，也使用京瓷製造的「陶瓷封裝」。

就這樣，京瓷以精密陶瓷界先鋒企業的身分，得以對產業界及科學技術的發展做出貢獻，都是經常留意創造性的工作；靠著讓明天比今天更好，後天比明天更好的這種反覆無止境的凝聚創造力，才能得到這樣的成果。

要實現夢想，唯有每天踏實地重複累積努力才能做到，別無他法。

CHAPTER 6

第六章——挫折にへこたれないこと

遇到挫折也不氣餒

災難是天賜的美好禮物

苦難

不要用負面角度看待困難與逆境，
嘆氣過生活；
重要的是要更鞏固心志，
把這些困難當成大好的機會，
大膽地去面對它們。

耐得了艱難困苦，人就會成長

我很小的時候，父母親常訓誡我：「年輕時候的苦難，就算花錢買也值得。」當時我還會用「別賣給我」反駁他們，現在回想起來，我想我父母親的話才是對的。

因為勞苦也是修正自己、讓自己成長的好機會。就像日語諺語中「艱難會把你磨成玉石」（艱難汝を玉にす）這句話，有勞苦之後，人才會被磨練，沒經歷過勞苦者的人格，不可能有所提升。

不要用負面角度看待困難與逆境，嘆氣過生活；重要的是要更加強心志，把這些因難當成大好的機會，大膽地去面對它們。

明治維新的幕後推手、也是我家鄉鹿兒島的偉人西鄉隆盛，曾經有過這樣的經歷。

黑船來航❶在日本掀起對內尊敬天皇、對外打敗夷敵的尊王攘夷思潮，西鄉隆盛也推崇這種思想。問題是，當時的幕府正在大規模取締尊王攘夷派的志士，也就是所謂的「安政大獄」事件。西鄉的同志當中有位清水寺的僧侶，因為支援尊王攘夷而被幕府追捕。他們因為關心日本未來而成為好友，結果西鄉就帶他逃回薩摩藩地。

但是最早重用西鄉的藩主已經亡故，薩摩藩的政權落入與舊藩主想法不同的弟弟手上。當西鄉表明來意之後，藩主拒絕窩藏僧侶，西鄉因為自己無能守護僧侶感到羞恥，於是跟僧侶一起投錦江灣自盡。正當他們浮沉在海上時，幸好被漁夫看到而救出他們，但此時僧侶已經沒有氣息，西鄉則奇蹟似地生還。

對重視品德的薩摩藩武士而言，盟友亡故、唯有自己生還，是無法忍受的恥辱。據說周遭的親友與身旁所有的人擔心他會自殺，所以把他周邊的利器全部藏匿起來。

藩主的處境也很困難，既不能不照顧人望很高的西鄉，但面對幕府，也不能就這樣不處置西鄉。考慮之後，便讓西鄉改了名字，宣稱西鄉已經投錦江灣自盡，然後將改名的西鄉流放到奄美大島。

當時的奄美大島因為薩摩藩嚴苛的政治壓制，以致於非常貧窮。西鄉被關在島上將近兩年。受難期間西鄉遍讀四書、五經等中國古書與陽明學，持續充實學習。

兩年之後，西鄉在幕府末期動亂中回到鹿兒島，年輕人一聽到他回來了就群聚到他的身邊。但是這樣做又得罪了新藩主的父親，判定他聚集年輕激進分子，於是西鄉再度被流放外島。

這次去的是比奄美島更遠的沖永良部島。島上的生活非常嚴苛困頓，牢房是只有兩坪、沒有外牆、任憑風吹雨打的小茅屋，也沒有浴室可以洗澡。因此西鄉只能任頭髮鬍鬚亂長，滿臉汙垢，身上充滿惡臭。即便如此，他還是能端正坐姿持續禪定。

有位薩摩藩的下級武士看到他的生活姿態，因為他的崇高而受到感動，覺得藩主的不公平待遇實在很不合理，因此在自家中蓋了牢房收容了他。他自行擴大解釋藩主的「只要沒有牆壁，可以遮雨就行」的命令，對西鄉伸出救援的手。

西鄉繼續在這個牢房中打坐、讀古書，更加努力磨練自己。就後續發展來看，流放對西鄉而言或許是好的遭遇吧！在他被關在島上期間，發生安政大獄，許多志士如吉田松陰等人都被殺。當時如果西鄉在京都或江戶，或許也會遭到幕府殺害。時代還需要西鄉隆盛，他從沖永良部回到鹿兒島之後，就心向明治維新，開始東奔西走、非常活躍。

我從年幼開始，遇到痛苦的時候經常回想西鄉隆盛的經歷和體驗。誠如先前提到的，小時候我曾罹患當時認為必死的結核病、舊體制中學入學考試兩次失敗、二次世界大戰結束前的空襲把我家燒了、大哥與妹妹為了讓我上學在背後協助我、大學入學考試失敗、因為沒有人際關係就職考試也是失敗。我自嘆命運多舛，為抗議世界的不公平，也曾想到去當高知識的黑幫分子。

但是回顧一下過去，我沒像西鄉那麼慘吧！我想，正因為跨越過層層苦難，心志多少變得更堅強，所以才有今天的我。如果我的出生和成長都很順利，或是不知人間疾苦、順利考上志願的學校、走上一帆風順的人生，結果也必定會不一樣吧？

中學、大學的入學考都慘遭滑鐵盧、企業入社考試也是，我就像這樣度過充滿屈辱的灰色青少年時代。對別人而言，這樣的遭遇或許會被說成不幸，我自己當時也多次想到「這是什麼不幸的命運啊？」

但是，現在當我再次思考，我發現正因為有過痛苦的青少年時代，才會有現在的我。

如果我生來沒吃過苦就過到現在，那我也無法提升我的人格，創立企業後，也無法贏得部屬對我的信任與信賴吧！透過孩提時期反覆受苦的經驗，多少也鍛鍊了自己的性格，或許正因為我被塑造成了這樣的人，才能做好經營者的職位吧！

也就是說，我少年時代經歷的勞苦、不幸，是上天為了讓我得到日後的幸福，所賜給我的美好禮物吧！

就算遭逢逆境，也寧可將逆境想像成上天給的禮物而心存感謝，以此健康心態生活下去。我相信能這樣過生活的人，他的人生經驗一定會連結至以後美好的幸運人生。

譯注

①一八五三年，美國海軍准將培里率領艦隊強迫鎖國超過兩百年的日本開放貿易。

忍耐

如果發現自己犯了錯，
別一味地煩惱，而是改變心態，
告訴自己絕不再犯，
重要的是胸中抱持新思維，
並且投入新的行動。

遭逢困難是消除過去的業障

人生當中時常會發生憂心或失敗等讓人心煩的事。但就像潑在地上的水無法收回一樣，已經發生的失敗，不論你後悔、煩惱到何時也是無法挽回。

即使了解這種道理，人還是會持續萌生「那件事如果有做好的話……」等煩惱，引發心病，甚至因此引發身體的疾病，讓人生變得不幸。

我想，感性的煩惱與累積內心的勞苦，是絕對要避免的行為。

已經發生的事無法避免，如果發現自己犯了錯，別一味地煩惱，而是改變心態，胸中抱持新思維，告訴自己絕不再犯。重要的是投入新的行動。

針對已經結束的事情進行深刻反省時，也要避免落入感情或感性的境界，這樣做會加重內心的勞累。我們必須用理性來思考事物，將新的思維和行動直接移入，這樣做就會讓人生變得美好。

我也有遭逢困難的經驗。那是為了幫助骨頭或關節受損的患者，因而開發出陶瓷人工骨的故事。

過去，世界上只有使用金屬製的人工關節。問題是金屬植入人體之後可能會溶入人體，帶來不好的影響。用比較不具活性的物質做實驗的結果，我們了解陶瓷很適合，因此便針對因髖關節受損、步行有困難的患者，或因為高齡、腰骨磨損而無法走路的患者，研發出陶瓷製的人工髖關節。

通過所有必要的動物實驗之後，取得厚生省（現在的厚生勞動省）的認可，開始對外銷售。結果因為性能優異得到很高的評價，全國著名大學的醫院也使用這種產品。

其中一家醫院接著委託我們製作人工膝關節。因為膝關節功能惡化、無法走路的人很多，他們也希望早日出現陶瓷製的膝關節。由於膝關節跟髖關節不同，必須做好充分的臨床實驗，取得厚生省的認可才能開賣，否則就會違反藥事法。因此京瓷開始時曾經拒絕，但是這家醫院強力的委託我們。

「患者非常煩惱，這是幫助別人的事。陶瓷製的人工骨骼沒有毒性，已經證實放進腰部之後，效果非常好。因此用在膝蓋上應該沒有問題，絕對不會為你帶來麻煩啦！無論如何請幫我們做吧！」

聽他們這樣說，我們無法拒絕就製作樣品給對方。結果對方反應：「因為得到很好的效果，請多做一些吧！」因此之後也繼續出貨。

結果幾年之後，有一位國會議員在國會中提出質詢。

「最近才冒出頭來的京瓷企業，把未經許可的人工膝關節，乘人之危賣給患者，賺取不義之財。」

結果引起社會騷動，新聞或雜誌甚至用「京瓷惡劣無德的商法」描寫京瓷。不論動機為何，反正手續不完整、違反法律是事實，我因此深深地反省，並且公開向社會大眾道歉謝罪。此外，我們也接受一個月的停工處分，同時我也自動退還與此有關患者治療費用。還有為了防止這樣的事件再度發生，成立企業內特別監察對策本部，修正管理的制度。即便如此還是遭到報紙、雜誌連日用「惡德商法」批判，讓我每天過著痛苦到無法忍受的日子。

那時，我拜[illegible]紹指導過我的、京都圓福寺的西片擔雪[illegible]。

「或許您知道新聞報導的事，我遭遇到非常大的困難，因[illegible]到煩惱。」

聽完我的話之後，擔雪師父笑著回答我。

「那正是稻盛先生還活著的證據。」

我明明是徘徊在生死之間的心情，他卻說這是活著的證據，我不了解話中之意，不經意地看著師父的臉。

「因為你活著，所以才會遭遇到這些困難。如果你死了，就不會遭到困難了。所以我說，那是你還活著的證據。」

那時我想，他說的不是多餘的嗎？不過接下來他的話卻讓我十分驚訝。

「雖然不知道是你的前世或今生的，但那是你過去累積的業障，造成了現在的結果。沒錯，你現在遭遇到災難，或許很嚴重，問題是那是你製造出來的業障，現在這些業障已經消除了。既然業障已除，不是應該感到高興嗎？如果失去性命那就麻煩大了，只是被報章雜誌寫點惡評的程度而已，這不是件令人開心的事嗎？反倒是應該慶祝才對！」

那是我用渾身力氣從事經營時所遭到的困難。不知是前世或今生，在何處造下的業障，導致現在出現的果。這時，他要我「把它想成業障已經消除，反而應該慶祝」，瞬間解除了痛苦。

就算做了正確的事，如果遭遇到無法忍受的困難局面，怎麼做都無法恢復心情，就無法往前邁進。但是愈是在這種狀況下，愈不該陷入擔心煩惱，重要的是要在深刻反省之下專注未來，然後踏出堅強有力的新的一步。如果能做到這樣，就不會浪費掉眼前遇到的困難，反而可以將它變成跟將來連結的精神食糧。

積極

遭遇到乍見之下
很無情的災難，
必須想到這
對當事人的將來應該有利。
或許這正好是
上天賜給他的「獎勵」。

無論好事或壞事都是考驗

人生當中浮沉互見。既有幸運受惠的時候，也有遭逢苦難的時刻。因此遭逢困苦的時候有必要忍耐，就算情況非常嚴重，也別抱持恨意，應一直忍耐下去。透過這種「忍耐」，人類才會成長。

我認為遭遇苦難時，能忍耐者與無法忍耐者的未來完全不同。面對苦難時，你會立刻被打敗、認輸妥協？或者是為了克服這個苦難，更加不停地努力？我認為，這就是能否達到人類必要成長的分水嶺。

上天絕對不會給我們很安定的人生，而是給我們各式各樣的考驗，讓我們迎接這些考驗走上自己的人生。

就看你如何迎接那些考驗。有的人用開朗、誠實、善意的態度接受，積極地展現堅韌不懈的努力，也有人用灰暗、悲觀的態度委屈接受。接納考驗的態度不同，之後的人生也完全不一樣。

能正面迎向考驗者的人生會往前大大地開展、發展下去。相反的，用退縮消極方式對待考驗者的人生，正好會因此變得更悲慘。我想，那種悲慘可能會削弱這個人的力量或精神，讓他變得更疲憊、軟弱吧！

最重要的是用何種姿態迎接考驗。絕對不可以因年輕時的小挫折，就讓人生潰散，落入腐朽才好。

眼前正在不幸的漩渦中的人應該這樣想：「年紀輕輕就受過這樣的苦，遭遇到如此痛苦的人，在日本也不多。我不認為我是不幸，而是經驗了其他人都沒經歷過的考驗。」

人生當中無論遇到好或壞事，都是考驗，也是上天給我們的磨練。活著的時刻，或許有時會陷入自己人生已經完了的灰暗心情。即便是這樣的失敗，也都是上天安排好的，為了讓我們更飛躍成長而賜給我們如此的遭遇。

對於人生當中發生的事，不可用人類膚淺的智慧去就眼前的幸與不幸做判斷，應該從跟天一樣高的觀點來看才對。這樣做，就會看到完全不同的樣貌。如果你遭遇到乍見之下很無情的災難，必須想到這些對當事人的將來應該有利，或許這正好是上天賜給他的「獎勵」。

上天有時為了對人好、與人為善，因此賜給人類無情或嚴苛的事物。端視人類面對這些苦難時，如何做出應對？這些應對，將會決定當事人自己的人生方向。

請觀察一下自然界，植物如果受到傷害，為了抵擋反而能更強壯地成長。例如，與在自然界成長的樹木相比，庭院裡經常修剪的樹木反而長得更快。因為修剪枝椏雖造成樹木受傷，然而此種傷害反而造成讓樹木成長得更快。麥子也一樣，冬季時到麥田踩踏會傷到麥子，但是麥子卻因此長得更漂亮。番薯的藤蔓在地面爬行，如果放任不管，就不會長出肥美的地瓜，必須在夏天長得最快時，不斷重複採摘葉子、除掉一些根；看起來很可憐，但是不這麼做根部就不會結出碩大的果實。

在自然界，所有的考驗都被當成肥料，能幫助植物成長。我們人類也一樣，因為工作而苦惱、遭受病痛折磨時，一定要用「這樣的逆境是上天為了讓自己變得更堅強偉大，所賜給我們的東西」，這種積極的態度去接納才好。

7 CHAPTER

第七章——心が純粋であること

心念單純

成功的行動出自美麗的心思

感謝

不論處於何種境遇，
都不該露出不平不滿的態度。
經常因為自己活著，不，
因為上蒼讓自己活著而心存感謝。
隨著培養這種感覺幸福的心念，
就可以讓人生變得
豐富、滋潤、美好。

培養純潔心的祈禱詞「南無、南無、感恩」

自從二十七歲成立京瓷開始，我的心就開始抱持強烈「感謝」的想法。有人為了既沒經驗、什麼也沒有的我，把自己的住宅拿去抵押貸款，幫助我建立企業，我一定不能辜負這些人對我的期待。在我專注在這一種心念，拚命努力工作的過程中，就會從心底湧現出這種感謝的思維。

所幸我所經營的企業走上軌道，但是雖然達到還完貸款的目標，公司在財政上也絕對稱不上游刃有餘。那時我整天為工作來回奔波，有時還得處理客戶抱怨等煩人問題，可以說是不分晝夜，整天都努力在工作。

即便如此忙碌，對跟著我一起拚命工作的員工、給我們訂單的客戶、還有經常提出不合理要求的業者們，我片刻也不敢忘記感謝他們的想法。即使採購商每年都很嚴厲地要求我們降價，我對他們也是懷著「這是在鍛鍊京瓷」的感恩之心。

要用負面的想法看待自己所處的環境，讓自己變得委屈、招來悔恨與痛苦呢？還是把困難的要求當成讓自己伸展成長的機會，用肯定正面的態度去接納呢。所選取的道路不同，所抵達的地方也會完全不一樣。

眼前受到愈多的痛苦，愈容易產生抱怨與不平不滿的反應，此乃人之常情。問題是，那些抱怨結果還是會回到自己身上，讓自己陷入更險惡的處境。因此，我認為無論處於什麼樣的境遇，絕對不要忘記心存感謝才好。

在現實生活中，即便口中說應該心存感謝，但這真的是很難做到的事。但是再勉強也要告訴自己，說出「謝謝」表達自己的感謝這件事非常重要。透過這種做法，就可以將感謝他人變成一種習慣。

如果能勉強自己時刻想到「感恩」，自己的情緒多少也會變輕鬆，心也應該會變開朗才對。就此再往前踏出一步，直接從口裡說出「謝謝」，周遭聽到這句話的人心情就會變好，因此就能在平靜中製造出快樂的氛圍。相反的，那種累積不平不滿所發出的刺人氣氛，只會帶給自己以及周遭人士不幸。

無論面對多麼細微的事物都能心存感謝，這是比任何事都該優先去做的重要事情，具有很大的力量。感謝之舉，不僅能將自己的身心導入更美好的境界，同時也是能帶給周遭人們優美心情的萬能藥方。

將感謝的思維轉化為習慣的契機。我試著回想自己的人生之後，想到了可能來自我年少時期的體驗，也就是「暗中念佛」的緣故。

所謂的暗中念佛，是指逃避政府禁令，貫徹信仰淨土真宗者的信仰方式。江戶時代的薩摩藩認定淨土真宗的教義是危險思想，祭出法規嚴厲懲罰信仰者。問題是熱心的信徒無法捨棄信仰，於是在深山裡建造祠堂或住家，搬進佛壇與佛具，繼續從事信仰的行為。這就是「暗中念佛」的由來。不可思議的是，到了昭和初期這項禁令已經解除，但這樣的風俗習慣在鹿兒島鄉下依然留存著，照樣進行活動。

有段時間，父親經常帶著我去距離鹿兒島市十幾公里外的家鄉。晚上帶著提燈、拉著我的手沿著黑暗的山路，慢慢往上登向山頂。父親的目的地就是暗中念佛的集會場所。

寂靜山路的盡頭，有一間沒有電燈、只有微弱蠟燭火光的茅屋。進到屋內，有一位看似和尚的人坐在佛壇前面念誦經文，後面坐著十幾個年紀跟我差不多大小的小孩。

讀完經之後，看起來像和尚的人回頭對大家說「來參拜佛壇」，於是一個接一個叫孩子們過去。接著輪到我的時候，他對我說了以下的話：

「你跟父親大老遠從鹿兒島市跑來，小朋友你今天的參拜已經獲得佛的慈允，以後你不來也行了。不過，從今以後請你必須隨時頌唱『南無、南無、感恩』。」

所謂「南無」就是「南無阿彌陀佛」的簡稱，為了方便兒童了解所以改成南無，這也是薩摩地區特殊的表現方式。

之後我從未忘記這次的經驗，即便到今天的年紀，一天之中還是會不假思索的念幾十次「南無、南無、感恩」這句幼年時學會的感謝詞彙。清晨洗臉時，突然感覺到自己充滿幸福的時候，不知不覺口裡就會念出「南無、南無、感恩」這句感謝的詞句。

我具有臨濟宗妙心派出家僧的身分，禪宗規定不可以唱頌「南無阿彌陀佛」但是我還是繼續誦念「南無、南無、感恩」。

當我去歐洲，站在基督教的教堂裡，也是雙手合十念著「南無、南無、感恩」，到伊斯蘭教的禮拜堂參觀時也一樣。我認為統領這個世界的存在，即使宗教上有所不同，但本質是一樣的。因此我到哪裡必定都唱誦這詞句。

人類無法獨自一個人生活在世界上。我們今天還活著，而且可以盡興地工作主要是因為最基本的地球環境中的空氣、水與糧食，到社會、家庭與職場所有夥伴等圍繞著自己周遭的人，不斷給予我們支援。就這點而言，我們活著這件事可以說是「外界讓我們存活著」。從這個角度思考，對於我們能享受在這世界的生活，以及能夠健康活著這件事，自然就會湧現感激的心。產生感謝的心之後，當然就能很自然感受到幸福的感覺。

我希望大家理解的是，不論處於何種境遇，都不該露出不平不滿的態度。經常因為自己活著，不，因為上蒼讓自己活著，心存感謝。隨著培養這種感覺幸福的心念，就可以讓人生變得豐富、滋潤而美好。

知足

盡可能遠離欲望，
就算無法完全除盡三毒，
重要的是能努力做到
自己掌握與控制。

「知足」能產生感到幸福的心

無論物質多麼充裕，只要你毫無限制地追求欲望，最後還是會產生不滿足的感覺。如果內心當中一直充斥不滿的感覺，也就絕對無法感受到幸福。相對的，雖然沒有充裕的物質、甚至處於赤貧的狀態，只要你有滿足的心，就會感到幸福。

也就是說，幸不幸福的感覺是由人心的狀態決定，世界上並沒有「滿足這些條件就算幸福」這種齊一的基準。當你面對死亡時，要能夠感覺到「我過得是多麼幸福的人生啊！」用這種姿態去培養自己的心，這對人生而言非常重要。人類如果不具備這種能感覺幸福的「美麗之心」，絕對無法讓自己變得幸福。

話說要製造出美麗的心，又要如何做才好呢？

釋迦牟尼佛曾經說過，人類身上擁有一百零八種煩惱，這些煩惱就是讓人類感痛苦的元凶。其次，這些煩惱當中最強烈的就是所謂的「三毒」，包括「欲望」、「憤怒」、「怨言」（貪、嗔、痴）。

我們人類幾乎可說每天都在這三毒控制下過生活。想過著比誰都好的生活、想輕鬆工作就可以存錢、想早點出人頭地，這樣的物質欲望與名利心潛伏在每個人心中。如果這些欲望沒有實現，就會想到為何一切總不如自己的期望，而感到憤怒。還會遷怒那些已獲得自己想要事物的人，並抱持著忌妒心。

大多數人的生活，幾乎整天都被這些煩惱環繞著。問題是只要是被三毒圍繞著過生活，就絕對無法感覺出幸福。

釋迦牟尼佛用一個故事，比喻那些被欲望控制者的真相。據說俄國大文豪托爾斯泰讀過之後很感動，他說「沒看過比這精確描繪人類的說法了。」故事如下：

某個深秋，強風吹著枯木。在冷冽的景色當中，一個旅者心急地走在回家路上。突然抬頭看，發現路邊散落許多白色的東西。心想，這是什麼呢？仔細一看，是人類的骨頭。他正想著，在這樣的地方怎麼會有人類的骨頭？覺得不可思議，然後繼續不斷往前走，結果看到前方有一隻大老虎一邊發出吼嘯，一邊逼近他。突然之間恍然大悟，原來如此，會有人類骨頭散落，就是被老虎吃掉的人。他想到這裡趕快抽腿轉頭，如兔子一樣飛快地逃跑。但是他卻跑錯了路，前方就是懸崖，導致進退兩難。

仔細看看周遭，斷崖邊有一棵松樹，想說應該可以逃得過，就往樹上爬。然而老虎是貓科動物，伸出爪子就爬上樹了。正想說，完了已經沒有方法了，突然低頭往下，望見從松樹上有根藤蔓往下垂。他想說天助我也，於是沿著藤蔓往下滑落，沒想到藤蔓滑落到一半時斷掉了。往下看是怒濤洶湧的海面。上面有一隻老虎，不過老虎卻無法順著藤蔓下來，只能惡狠狠地盯著垂掛在藤蔓上的旅者。

正在想說這下子可以稍微安心了，頭上方卻傳來「喀喫！喀喫！」的聲音。抬頭一看，藤的根部有一白一黑的老鼠，正在交相啃咬著藤蔓。這下完了，那兩隻老鼠如果把藤蔓咬斷，自己肯定只會往下掉到海裡，於是旅者口裡念著「去、去」，手搖著藤蔓想趕走老鼠。

搖完之後感覺到好像有什麼溫暖的東西滴落下來，試著用舌頭舔一下，發現是蜂蜜。仔細一看，原來是上頭有一個蜂巢，搖藤蔓時動到了蜂巢，因此往下滴出蜂蜜。

旅者一時之間完全忘記白、黑兩隻老鼠正在咬藤蔓的事，陶醉在蜂蜜的甘甜滋味裡。問題是往下看，在海浪漩渦中紅、黑、藍色三條龍也正在等著旅者往下掉呢。因為往下看實在恐怖，旅者乾脆只盯著上面，搖著藤蔓、舔著蜂蜜……。

「這就是我們人類，」釋迦牟尼佛這樣說。各位聽到這故事可能都會笑出來，其實這就是我們自己的身影。

解釋佛陀的說法，大致如下：

在風吹枯木的秋天，一個旅人走在回家的路上，表示人生無論有多少好友，最終還是一個人旅行。佛陀首先要開示，人生下來是一個人，死的時候也是一個人。

老虎代表人生無常，也就是死亡的意思。人類在生下來的瞬間，就開始遭受死亡的威脅，被意味死亡的老虎窮追不捨。因此人類只好試行各種健康方法，或是尋求醫師、走入宗教等，透過各種方式來逃避迷惑。

接下來是好不容易才找到的松樹，就像至今為止打造出來的地位和財產。就算向財產求救，死亡也無法得到赦免。地位與財產對人生沒有什麼幫助，唯一能做的是沿著不可靠的一根藤蔓往下滑，這就是人類的姿態。

接著是咬食藤蔓根部的黑、白老鼠，白老鼠就像白天、黑老鼠就像深夜，也就是說在白天與黑夜交互出現下，最後呈現你一生的壽命。

腳下的三隻龍，紅色龍代表「憤怒」、黑色龍代表「欲望」、藍色龍代表「怨言」。所謂「憤怒」、「欲望」、「怨言」三毒，把自己的人生糟蹋了，但是那些也都是自己的心製造出來的。

所謂的人類，從誕生到死亡都得一個人走在旅途上，途中經常受到死亡的威脅。此外，人類在一生當中，也是一直受到自己內心製造出來的三毒脅迫而活著。

因此釋迦牟尼佛才會強調持戒（遵守道德規範並且去實踐），訴說克制自私的心與煩惱的必要。

由於自私的心與煩惱是人類生存時必要的能源，當然不能一概否定。但是它們同時也會帶給人類無止境的痛苦，是讓人生失去倚靠的強烈毒藥。這種自私心和煩惱，是會導致人生不幸毀滅的元凶。

另一方面，人類原本就擁有與煩惱相對立的美好心靈。樂於幫助他人，為他人付出而感到喜悅的美好心靈，每個人心中都擁有。問題是，當煩惱太強烈時，這樣的心就無法表現出來。

因此，盡可能遠離欲望，就算無法完全除盡三毒，重要的是努力做到能自己掌握與控制。能這樣做，美麗的心就會出現。

也因此，釋迦牟尼佛才會強調「知足」，也就是說，培養出能感覺得到幸福這件事很重要。我們不應該貪婪地發展欲望、被憤怒左右、生活在不平不滿之中，佛陀教給我們的是培養豐富心靈的重要性。

懂得知足，每天懷著感恩之心生活，這樣的生活方式使人生真正豐富，變得充滿幸福。

反省

透過反省來警惕自己，
如果能因此多少控制住自私的想法，
人類本來就持有的美麗的心，
應該就會自發地呈現出來。

不停努力，保持純潔的心

人類在擁有只顧自己之自私心的同時，也具有那種不會忘記感恩、滿滿體貼之情、能為他人盡心力感到喜悅的美麗心靈。那可說就是「良心」，是非常崇高的事物。誠如先前提過的，努力克制自私利己的欲望，讓以良心這朵美麗的心開花，是非常重要的。

那麼，究竟該如何做，才能讓良好的心開花呢？事實上幾乎所有的人都忽視心的重要，對自己應該擁有偉大的心這件事毫不關心。問題是，我們一定要能夠先持有「必須提升心靈境界」、「非得讓心變美麗才行」的想法才對。由於我們仍然是充滿煩惱與欲望的人類，實在很難做到這樣。即便如此，我認為還是要想著「必須提升心靈境界」，當個努力的人才行。

能夠自然想要提升自己原本充滿自私的心、淨化自己、然後自己去努力的人，我想這也就算是修行人了。

這麼說，我也還是不完美的人類呢。如果有人問我：「你的心淨化到什麼程度了呢？」我想我會羞愧到回答不出來。因為，我也是那種有空隙就會使壞，只想滿足自己欲望的普通人而已。

正因為如此，所以我想要努力讓人類不要變得比現在更壞。在想要努力當下，內心深處就會出現另一個自己，時刻責問自己：「你現在這樣如何？」在矛盾當中，我本身多少也提升了一些，我想透過這樣的反省，至少可以提升自己的心志，而這也就是所謂的人生。

儘管透過這樣的反省可以管理自己的心，這件事對人而言也很重要，但是大多數的人對此都不寄予關注。大多數的人都是覺得心裡在想什麼是自己的事。問題是，心裡面想的事，最後就會變成事實的現象顯現出來。也因此，如何維持自己的心在正常的狀態這件事，才會變得如此重要。

前面也提及的詹姆斯．艾倫在他的著作《你的思想決定業力》當中，就內心管理這件事，有以下的論述：

「人類的心就像家中的庭園，有人悉心從事理性的耕耘，也有人放任發展。無論是採取哪種方式，心都還是會因循各種狀況，多少獲得成長。

如果你不曾在自己的庭園裡，種下美麗的花草，最後那裡會因為雜草的種子散落，變成繁茂的雜草庭園。」

接著他又說：

「優秀的園藝家會耕耘自己的庭園、除去雜草，種上美麗的花草並持續地悉心栽培與照顧。同樣的，如果我們也想度過美好人生，就應該努力挖掘我們心中的庭園，首先將不純潔的意念從心中清除掉，種上乾淨正確的思想，然後繼續不斷地培育它們才行。」

我們必須耕作自己內心的庭園，每天透過深切的反省，除掉雜草——也就是自己的邪惡思想，然後在那裡種植新的、美好的思想才行。也就是說，要反省自己邪惡的心念，然後在心中培育善良的思維。詹姆斯・艾倫就是將這件事比喻成園藝，提出他的學說。

「我們能夠因為選擇並保持正確的思維，讓自己昇華成為志氣高昂、品德崇高的人類。同時也可以選擇並保持錯誤的思維，讓自己墮落成品質猶如野獸般的人類。」「心中種下（中略）所謂思想的種子，就會生出跟自己同種類的植物。不論早晚，這些植物都會開花，最後結出所謂環境的果實。好的思維會結出好的果實，壞的思維就會結出不好的果實。」

意思是說，心中懷抱善良的思維，就會結出好的果實；心中懷抱惡的思維，就結出懲的果實。因此，必須在自己內心的庭園裡除去野草，種植自己期待的美麗花草的種子，用單純的意念做為水和肥料來管理庭園才行。這就是詹姆斯．艾倫的說法。沒錯，他指的就是「反省」這件事。如果完全不採取任何對應，只是放任情況發展，人類的心最後一定會充滿自私的利己的欲望。此時「反省」就變成非常重要的大事。

就在京瓷開始順利成長與發展，不論公司或經營者的我，都得到外界給予很高的評價時，我也開始強烈地注意到「反省」這件事的重要，將它當成我每天必修的「日課」。

每日起床或就寢前在浴室面對鏡子時，我會花一點時間重複思索昨天發生的事，或者今天自己的言行舉止，「有無讓別人覺得不愉快？」、「是否有不親切的地方？」、「沒有傲慢的行為嗎？」嚴格地問自己上述的問題。如果發現自己的言行當中，有做人堪稱可恥的地方，就強烈地斥責自己，警告自己絕對不可以犯第二次。

有的時候我回到住家或旅館，要上床睡覺之前，就會不自主地從口中迸出「神啊！請原諒我」等反省的話。把真誠想要向對方謝罪的心意卻沒做到的部分，向造物主請求原諒，就是這種贖罪思維的表現。

只剩下一個人時，口中不自主地發出自我反省、警惕的話，我知道這是我的良心，正在譴責另一個自私的我。

就這樣，透過反省來警惕自己，如果能因此多少控制住自私的想法，人類本來就持有的美麗的心，應該就會自發地呈現出來。我也想變成這樣的人，多少也要讓心變得更強大一些，因此現在我每天都很努力在管理自己的心。

CHAPTER 8

第八章——謙虚であること

謙虛

抑制對自己的愛

克己

沒有一點傲慢，
總是謙虛面對外界的人。
同時也是先擱下自己的事，
經常考慮到為世界和人類而行動的人。
我認為像這樣能控制自己的欲望和虛榮心，
具有克己之心的人，就是有人格的人。

如何面對考驗，決定成功或沒落

中國古訓之中有「謙受益」❶，意思是說，唯有秉持謙虛之心的人能夠得到幸福，傲慢的人無法得到福報。

所謂的謙虛，也就是謙卑。或許有人會以為低下卑微感覺的作為就是謙卑，那是一場誤會。人就是因為自己沒有值得誇耀的事而裝腔作勢，傲慢的凸顯自己，以滿足自我表現的欲望。

有些人在社會上博得多大的名聲，或者身為大企業或組織的領導人，率領眾多部屬，卻沒有一點驕傲，總是謙虛面對外界。他們同時也是先擱下自己的事，經常考慮到為世界和人類而行動的人。我認為像這樣能控制自己的欲望和虛榮心、具有克己之心的人，就是有人格的人。

舉例而言，有些人做事時會遇到這種狀況。本來應該能成功的工作，或者在開始企劃事業時，已經順利做完了八成，到了剩下兩成才變成窒礙難行。這些人明明到中途都很順利，但是卻無法做到最後。

原因就在剛開始張羅時慎重考慮、沒有失去謙卑的心，同時在拚命努力工作下獲得成功。結果，連新聞報紙都來報導，因此也出了名。變成這樣之後，他們在不知不覺鬆懈了自我控制的心，讓只愛自己、也就是自私自利的心變得肥大，然後就漸漸開始誇讚起自己來了。

正因為自己開始想到「在那種痛苦當中奮鬥，我做得很好吧！」慢慢開始變得驕傲的緣故，有些人隨著獲得成功、變得有名，就開始湧現傲慢的心。

我認為，所謂的考驗不只是一般人所言的苦難遭遇，對人類來說，輝煌的成功也是一種考驗呢。

看到那些靠工作獲得成功，甚至獲得地位與名聲、財產的人，我們總是傾向發出「那個人好幸福！」的讚嘆，投以羨慕的眼光。問題是，那也是上天給當事人的嚴格考驗。人往往在得到成功、變得富裕之後開始變得奢華。此外，因為成名了也變得驕傲，做出不尊重人的行動，最後走錯道路，跌入地獄深淵。

例如，活躍在世界黃金舞台的職業足球選手當中，有些人才二十多歲、年紀輕輕就年收入數千萬日圓，也有年收入超過一億日圓的選手。跟日本上市公司的總經理領一樣、甚至超越他們的薪水。普通剛從大學畢業、年紀二十二、三歲的新進員工，一年的總所得大概也只有三百萬日圓左右。像那種年收入跟同年齡層比超過十倍以上的人，就人生而言堪稱是獲得很大的成功吧！

但是這種在年輕時期獲得的短期的成功、名聲，對將來並不具有決定力。反倒是因為獨特的才能，在年輕時就得手大額的金錢，受盡周遭的阿諛吹捧，結果很少考慮到將來，就這樣蹉跎時日。最後落入失敗，往往悔不當初。

足球選手的選手生涯通常到三十歲為止。如果人生有八十年，那麼退休後接著還有五十年的漫長道路要走。在足球界能以領隊或教練的身分留下來的人只有少數，大多數的選手於離開足球界後，都得前往其他領域，度過自己的第二人生。

可以說，現役的選手在正活躍的時期如何過生活，將決定其往後的人生。有些人心想「這是用我自己才能賺到的報酬，我想怎麼花用都行」，這些人我行我素玩樂過活，結果毀掉自己的身家。但是，也有人在現役選手時代就認真努力工作，退休後到一般企業任職，一樣做出社會人士應有的出色表現。

就像先前說過的，每當我看到這樣的實例就會想到，這不就是神把賜給人優渥的條件當成考驗的手段，測試人類會如何對應的做法嗎？如果人類面對考驗時對應得當，就會產生美好的善果，對應不好就會產生惡果。

人生的轉變沒有極限，「那個人當初如果沒有成功，反而可以過更好的人生吧？」這樣的話經常聽得到。相反的，先是遭逢苦難，設法克服之後，從此過著美好人生的實例也很多。

因此，無論是收到幸運之神的恩惠，或是遭逢災難，最重要的是，在任何狀況下都要保持謙虛，維持清晰的自我意識存活下去。

請務必理解此事，勿忘謙虛、經常反省自己，認真、誠實地度過自己的人生。如果採行這樣的生活方式，就能夠讓人生超乎自己想像，過得非常和諧與順利。

譯注

①出自《尚書·大禹謨》，原文為「滿招損，謙受益，時乃天道」。

精進

每個人身上與生俱有的「個性」
都不算完美，
因此，有必要學習後天的「哲學」，
努力提升自己的「人格」。

提升並且維持人格

我認為對領導人而言，最重要的資質是「人格」。我也認為，持續維持高意識境界的「人格」，對領導人而言是最重要的工作。

問題是，一般人都認定「才能」與「努力」才是領導人應具備的、最重要的資質。

實際觀察現今的商界、企業界，既能看到以所謂創投起家而獲得大成功的創業型經營者，也能看到在大企業擔任執行長（CEO）之後、帶領企業飛躍成長之少康中興型的經營者。而這些成功的領導人，真的是才氣縱橫、英氣煥發、充滿「才能」的人，也都是不吝惜付出「努力」的人才。

換句話說，他們不只能夠發揮自己的商業「才能」，也具有能夠燃燒的熱情，能不停止「努力」，將事業導向成長與發展。

但是最近幾年來，當我看到許多新興精銳企業或經營者，像彗星一樣閃亮登場，然後就在我們的眼前消失。因此我開始強烈認為，不該只是用擁有「才能」與「努力」與否來評價領導人。也就是說，愈是擁有高於他人的「才能」與「努力」的人，愈需要控制自己這種強大的力量。

我認為能控制這些力量的就是「人格」。只有「人格」能夠控制當事人發揮「才能」、與反覆「努力」的方向。「人格」如果產生扭曲，那麼「才能」與「努力」就無法往正確的方向發揮，結果反而把人生導入錯誤的方向。

許多領導都知道「人格」的重要，但是卻不明白「人格」究竟是什麼？如何做才能提升和維持？因此，一旦事業獲得成功，就無法維持住人格的領導人也不曾斷絕。

那麼所謂的「人格」到底是什麼？經過一番思考，我認為是由人類與生俱有的「個性」、與後天在人生過程中學習到的「哲學」組合而成的；也就是說，是由先天的個性與後天學習之後，加上哲學所共同組成。

先天的「個性」因人而異、形形色色都有。有人個性剛強、有人柔弱、有人粗暴、有人慎重，加上我執❷與體貼心的多寡，可以說是千差萬別。如果一個人在人生路上無法學習到優美的哲學思想，那麼這個人與生俱有的「個性」就會變成他的「人格」，接著，人格最後也會決定他發揮「才能」與「努力」的方向。

這樣一來，到底會發生什麼問題呢？如果與生俱來的「個性」屬於我執很強的領導人，只要他具有優異的「才能」和不輸給任何人的「努力」，還是有可能會成功吧！但是因為他的「人格」有問題，不知何時在利欲薰心下，或許會做出不正當的行為。也因此，當事人的成功可能也無法永遠持續。

可惜的是，無論是誰身上天生具有的「個性」都不可能完美無缺。也因此，人類有必要後天學習美好的哲學，藉此努力提升自己的「人格」。特別是擁有眾多部屬、責任重大的領導人，最好盡可能提升自身的「人格」，並且努力去維持它。

這種應該學習的美好「哲學」，必須像歷史般能經歷風雪，是人類長遠以來繼承到的東西。也就是說可以明確指示人類應有的態度、應具備的思考方式，並能夠給予我們良好的影響，如聖賢的教誨等。
此時應該留意的是「知道不等於能夠做到」的事實。例如有關基督教的教義、佛陀的教誨、孔孟學說，大家都可以從教科書上學到並且理解。但如果只是以知識的型態擁有，這些知識並沒有價值。必須能夠用這些道理來警戒自己、提升自己的「人格」，變成對自己有幫助的知識，才會產生價值。
對領導者而言必要做到的，是不斷操練能夠讓自己展現聖賢者姿態的優美「哲學」，不只就理性的角度去理解，而是努力將哲學內化為自己理性的一部分。透過這種做法，就能修正自己先天「個性」的扭曲或缺點，打造出新的「人格」——或說是「第二人格」。反覆學習美好的「哲學」，使其變成自身血肉，就能提升並維持自己的「人格」。
一般人總認為，人類該有的姿態學過一次也就夠了，因此實在沒有耐心反覆學習。但是就像運動選手，如果沒有每天鍛鍊，就無法維持那麼好的身形，因此只要稍微疏於管理自己的心，在很短的時間內就會變成原先的樣子。「人格」也是一樣，除非持續努力去維持它的高度，否則立即就恢復原樣。因此，我們應該經常在理性中注入優美的「哲學」，不停的努力維持自己的「人格」水準才好。

因此，容我再重複一次，每天回頭反省自己的行為是非常重要的日課。有沒有違反自己所學、人類該有的態度與行為？據此每天嚴厲地質問自己，做好自我反省。透過這種做法，就能夠保持優異的「人格」。

譯注

② 佛教術語，指眾生執著有一個真實存在的自我心態。

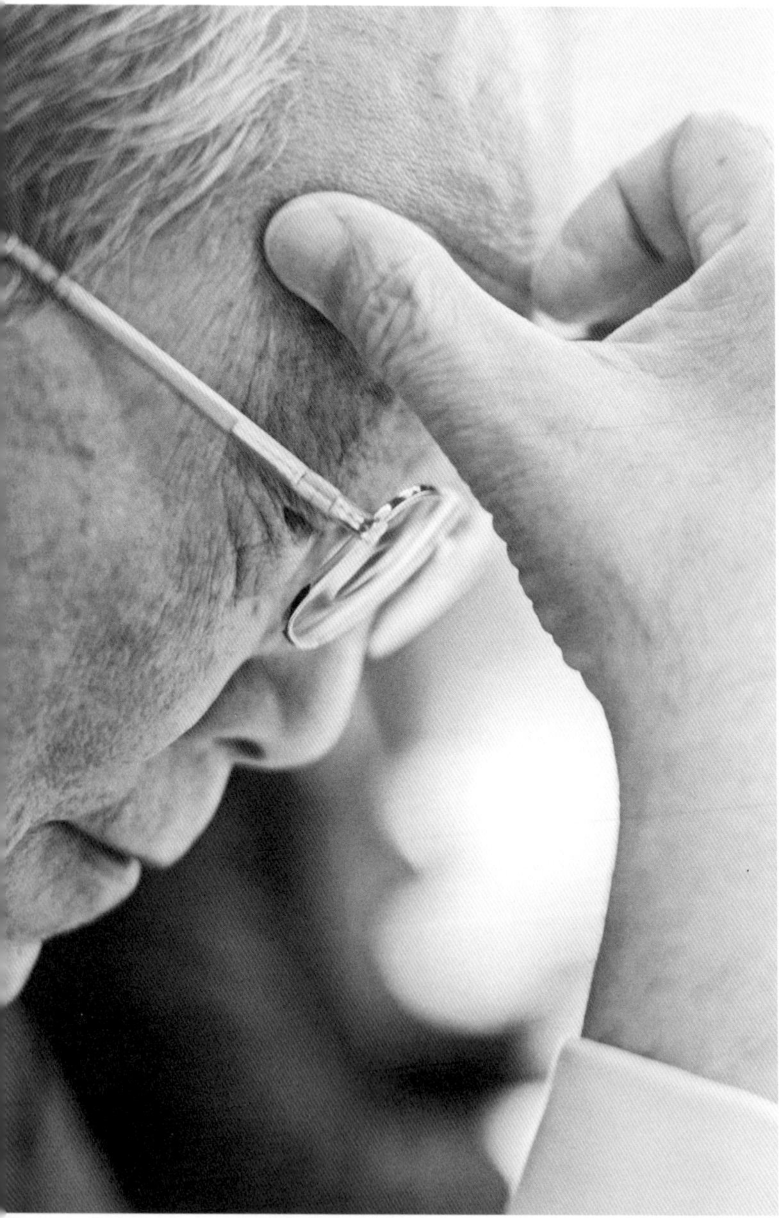

無私

沒有犧牲自己的勇氣，
絕對無法成為領導人。
所謂的領導人，必須是能放下自己、
正確判斷事物、
大公無私的人才能勝任的職務。

讓自己變無我的行動，銜接「大愛」

愈是想要做偉大的工作，愈需要伴隨更大的自我犧牲。沒有犧牲自己的勇氣，絕對無法成為領導人。所謂的領導人，必須是能擱下自己、正確判斷事物、大公無私的人才能勝任的職務。

針對自我犧牲，詹姆斯．艾倫也說出以下的話：

「如果你期待自己成功，就得付出相當的自我犧牲才行。期待大的成功，得做出大的自我犧牲；想獲得無上的大成功，就得付出無上的自我犧牲才能做到。」想要做偉大的事並獲得成功，就必須擁有敢於付出同等代價的自我犧牲才能做到。

提到這點，讓我回想到一件事。我負責無償指導的「盛和塾」，是教導日本中小企業經營者的經營塾。過去曾有一位盛和塾的學生丟出下列的疑問來詢問我：

「雖然您教我們『經營者要能做到自我犧牲才行』，但在經營公司當中，事實上總是在難於同時兼顧工作與家庭的問題中感到煩惱。我想，塾長恐怕一直埋首於京瓷的經營，連照看家庭的時間也沒有吧！請問您是如何同時照顧工作與家庭呢？」

也有別的學員問我：「我全心投入工作，因此跟家庭的關係出現裂痕，家庭就快要崩毀了。難道您沒有這樣的經驗嗎？」當下我突然感到很困惑，因為像這樣家庭關係破裂的經驗，我從來沒有經歷過。

就算我回家時間遲了，妻子還是會跟我說：「今天發生這樣的事、還有那樣的事。」妻子沒有外出工作只是守在家裡時，根本不知道丈夫做了哪些事，所以也沒什麼好競爭的吧？就算沒有跟著去公司，只要擁有那種跟丈夫一起工作的一體感覺，也就不會有抱怨或不滿吧？我的想法就是這樣，因此無論回到家時間多麼晚，每天都會告訴妻子當天發生的事，就算只花很短的時間，也一定要努力跟她交談。

不過，我也曾經因做過頭而引起問題。那是孩子們還是小學低年級生的時候發生的事，深夜回到家之後我把孩子們全部叫醒，然後告訴他們：「經營企業是非常困難的事。爸爸也是拚命努力在做，問題是或許有一天，公司也可能會面臨倒閉。萬一公司倒了，我用個人財產保證向銀行貸款，因此財產也會全部被沒收。我想到時候除了鍋碗瓢盆以外，其他的東西全部會被銀行拿走。因此，為了不要變成那樣，爸爸現在正在拚命努力的工作。」

傳達這些話的用意在於，我這個父親從來不參加教學參觀或運動會，也不曾帶孩子出去玩，我想孩子一定會認為我一點也不體貼。所以我想告訴他們，自己擔負整個公司的責任正在努力工作，其次，努力工作也是為了家庭的緣故。

對此，年長的孩子事後回憶說：「那時候我想你是個很不負責任的父親吧。」他們還只是年幼的孩子，我卻告訴他們公司如果倒了，全部的家產都會消失，只剩下鍋碗瓢盆，這些話似乎讓孩子感到非常震驚，害怕到不知道該怎麼辦了。雖然我再解釋：「因為想讓你們知道，我為了家庭正在拚命努力，所以才沒辦法跟你們玩，所以才對你們說那些話。」結果孩子還是回答我：「沒道理，沒有人會這樣想，那時我們都認為你是個不負責任的父親！」

雖然也曾發生過上述的誤解，那時我還是認為家族一定要擁有一體的感覺才行，或許是因為我總是將公司發生的事情告訴家人吧！類似家庭關係破裂這種事從來沒有發生過。

面對學員的詢問，我給他們上述的回答。

另一方面，被現在已經長大的孩子說：「那時候我想你是個很不負責任的父親吧！」內心的確讓我很掙扎。附近鄰居的小孩，每逢教學參觀、運動會或其他學校舉行的活動，父母都會陪同出現，唯有自己的父親從幼稚園到大學，連一次也不曾踏進過學校。我想小孩當時一定覺得很寂寞吧！

之後我就讀到前面提到的詹姆斯．艾倫的話：「期待獲得大的成功，就得付出大的自我犧牲才行。」讀到這句話，我得到救贖的感覺，為了守護公司與員工，我不得不犧牲自己的家庭生活，但是我也感覺到自己這樣做並沒有錯。

不只如此，倘若能夠犧牲自己，拚命努力來守護員工，甚至能對社會的發展有所貢獻，這樣的事才是人生當中無可取代的最大勳章，不是嗎？我想，我的家人也都理解這點吧！

那不是只守護自己或守住家庭就滿足的「小愛」，而是能守護眾多員工、讓他們過得幸福，甚至對社會的進步、發展也能做出貢獻的「大愛」。

我認為能夠把自己奉獻給這種「大愛」的人生，就是有目標的、幸福的人生。

CHAPTER 9

第九章——世のため、人のために行動すること

為世界為人類而行動

不厭其煩、犧牲自己，為對方盡力

利他

就像「慈悲不是為了別人」這句話所形容的，
充滿溫柔、體貼的心與行動，
並非只為了善待對方，
因為這些一定會回到自己身上。

把人類社會導向更好的「利他心」

人生並非由其他的人決定，而是自己決定的。在每天的生活當中，你所持的思想和展現的行為，會決定你的一切。無論如何，我希望年輕人也都理解這件事。

絕對不提不平不滿，經常保持謙卑不驕傲，感激自己仍然能夠活著。重複比誰都強的努力，就算犧牲自己也要為世界為人類竭盡心力。像這樣「與人為善」溫柔充滿體貼、優美的「利他的心」，事實上也可以讓自己的人生變得更美好。

乍見之下，這種不斷累積利他行為的樣子就像在走迴旋的路一樣。但是，就像「慈悲不是為了別人」這句話所形容的，充滿溫柔、體貼的心與行動，並非只為了善待對方，因為這些一定會回到自己身上。

我想用水流來比喻比較容易理解，例如，自己跟對方之間有一個水桶，裡面裝滿水。如果你用手將面前的水壓往對方，將桶內的水擊出大波浪，結果波浪還是回到自己這邊。同樣的道理，能夠重視別人，做出讓對方開心的事，最後也會回應到自己身上。世間的事物就是這樣，不是嗎？

那並不是「因為我為對方做了這些，所以期待對方回饋自己」的說法。自己為對方做了一些事，因此對方感到開心，這樣的事本身就帶來清爽的心情，應該也會讓自己感到榮幸才對。

也就是說，能「讓對方感到開心」、「帶給對方助益」就已經是最高的喜悅了。能達到這樣的精神水準時，人類就能夠感覺到真正的幸福才對。此外這樣做應該也能得到天助，自己也應該能獲得成功。這就像佛教教義裡的「利己利他」的精神。

針對此點，有個可用來幫助理解的比喻。

在某個寺廟有個行腳僧問廟裡的老師：「地獄與天堂有何不同？」老師回答說：「地獄與天堂，外觀看起來是一模一樣的場所。」接著說，兩方都有一口很大的鍋，鍋裡煮著看起來很美味的麵，只是用來吃麵的是像竹竿一樣長的筷子。

落入地獄的人，因為本身就是具有自私的心的靈魂，於是喊著「我要、我要」自己想要先吃，因此大家同時把長得像竹竿的筷子伸進鍋裡，想要撈出麵。然而筷子實在太長，很難夾得住麵條。過程中彼此搶奪對方想要夾取的麵條，導致麵條到處亂飛，根本沒有辦法放進自己口中。就算很幸運地夾到麵條，也沒辦法送進自己的嘴裡。結果是誰也沒吃到麵，這就是地獄的景象。

另外一方的天堂，雖然條件也一樣，但卻顯得非常平靜。因為大家都是具有體貼心的靈魂，不會先考慮自己的需求。當自己的長筷子夾到麵時，口中說著「請先用吧」，然後拿給大鍋對面的人先吃。接著換對方也說，「謝謝，現在換你了」，用同樣的方式拿麵給對方吃。因此，就算用的是像竹竿一樣長的筷子，彼此間在說聲感謝之後，就開始充滿和諧氣氛地用餐。雖然跟充滿烏煙瘴氣的地獄具有同樣的環境、同樣的條件、同樣的道具，天堂卻呈現出完全不同的樣貌。原因可以說是，因為居住在當中的人，內心的狀態有差別而已。

儘管環境與物質的條件都沒有差別，一方像戰場一樣響起怒吼聲，你爭我奪。結果是，誰也無法得到自己想要的東西，因而倍感痛苦。在相反的另一方，充滿美好的愛心，彼此都能為對方竭盡所能。這樣做之後也會獲得對方的回報，大家在和平幸福的環境中過生活。也就是說，只是心態的不同，地獄也會變天堂。

這在現實的世界也一樣。如果不停露出「對自己好就行」的自私的心，活在世間，必定會摩擦不斷，把自己逼入不好的方向。因此必須遠離自私的心，首先要做的就是用體貼的心對應周遭的人。如果每一個人都能具有這種「利他的心」，就一定能夠打造出具滋潤感的和平、幸福的社會，每一個人的命運也會開始好轉才對。

貢獻

人類的行為中最讓人尊敬的
就是想要為他人做點什麼的行為。
雖然把自己放在第一位去思考是常情；
能對他人有幫助、讓人感到喜悅，
就是自己最高的幸福，事實上人類也擁有這樣的心。
人類的本性就是如此美麗的東西。

為世界為人類，積極盡力

創立京瓷以來，我把心血全部注入在開發精密陶瓷與經營企業當中。結果很幸運地企業順利獲得成長，我也因此獲得各種各類的獎賞。

最早我只把自己當成受獎者，很高興地去接受頒獎。一九八一年，東京理科大學故伴五紀教授❶傳來將頒發「伴紀念獎」的消息給我。

這是伴老師用自己的專利權利金的收入做為資金，用來表彰對技術開發有貢獻者的獎項。當時我只是很單純地參加頒獎典禮去領獎，當我看到老師，自己真的感到非常慚愧。

老師竟然把自己有限的資金運用在表彰事業上。相對的，我經營企業獲得如此的成功，結果也很幸運地擁有某種程度的財富，卻變成沾沾自喜的受獎者。當時我強烈感受到，「這樣是好的嗎？本來不是應該由我來奉獻能力、頒獎給別人才對嗎？」

從那時開始我才開始考慮，未來我一定要用某種形式將自己得到的東西回饋給這個世界。

接著，我於一九八四年四月，用自己的股票與現金合計約兩百億日圓做為基本資產，設立稻盛財團並創立了「京都賞」。

就在我發布要創設京都賞之後，很快地，我就去主辦諾貝爾獎的財團從事禮貌性拜訪和取經。那時我問他們：「像諾貝爾獎這種國際表彰活動，最重要的工作是什麼？」結果他們回答我：「首先是從國際的角度來看，審查是否嚴正公平。其次是與能否持續下去有關的權威。」

然後我也模仿諾貝爾財團用「諾貝爾遺言」做為諾貝爾財團理念的做法，創立「京都賞的理念」，要求未來京都賞的審查與運營，都應該遵循「京都賞的理念」去執行。

在這些理念當中，我將過去以來我自己的人生觀「為人類、為世界做出有利益的事，是人類最高尚的行為」列為第一項理念。

從以前開始，我就一直考慮到要回報培養自己的人類與世界的恩情，對於要用何種形式來實踐，我也做過各式各樣的考量。此外，我也常常感覺到，世界上有很多默默努力、不為人知的研究者，但是卻很欠缺可以讓這些人衷心歡喜的獎勵活動，我也曾說過，這些思考都是促成我創設京都賞的理由。

還有，跟科學文明相比，現在人類對精神文明方面的探索腳步顯然落後很多。但是我認為，精神文明與科學技術兩者絕對不是處於對立的東西，如果能取得平衡，達到良好的發展，人類就可以避免招引不幸。因此我也整理出一個理念——透過京都賞讓科學文明與精神文化能取得均衡良好的發展。我也強烈地期待，能因此對人類的幸福有所貢獻。

透過這種方式做成的京都賞的理念，在審查京都賞的過程當中，或審查遇到瓶頸的時刻，我會要求評審委員的老師們「這樣的話，讓我們再度回到『京都賞的理念』，重新修正審議吧！」因此也變成活生生的理念。

我們就是根據這樣的理念，推展到今天為止的表彰活動。透過京都賞，能夠見到真正優秀的人才，這也是我的快樂來源之一。

雖然我們在京都賞的理念中強調，「有資格接受此獎的人，一定是與京瓷的我們一貫的作為一樣，為人謙卑且願付出他人的兩倍的努力、在研究的路上努力追根究柢、知道自己所以能以虔敬的心面對偉大的人才對。」然而在審查受獎者時，即便能夠就業績與風評上做調查，卻無法詳細得知對方的人品。

然而極為不可思議的是，到目前為止出現的京都賞受獎者幾乎都是可貴的優秀人才。我不得不這麼想，他們花費半輩子的時間只專注在同一件事情上，也就憑那種真摯的姿態、才能塑造出有獨特風格的、優秀的人格吧！

京都賞的獎金，最早為了對諾貝爾獎的五千萬日圓表示敬意，由四千五百萬日圓開始頒發，隨後諾貝爾獎的獎金也調高了，第十屆京都賞三個部門的獎金各增為五千萬日圓，之後就一直定在這個金額。

至於得獎者如何運用這份獎金，在京都賞頒獎會後的統一記者會中，經常有人提出這個問題。本來我想大概都是用作自己的研究資金，事實上卻有很多人說想要回饋給社會，這點頗讓我吃驚。

例如第三屆獲得精神科學‧表現藝術部門獎（現改為思想獎‧藝術部門）的波蘭電影導演、已故的安德烈‧華伊達❷，以他獲得的獎金為基礎設立了「京都─克拉科夫基金會」，在波蘭成立中心專門介紹日本的美術文化。

其他也有很多得獎者透過捐款或設立獎賞，把獎金用在跟世界與人類有關的事物上。

京都賞最初是為了慰勞全心力投入在研究中度過一生的人而設的，當初我希望他們能將獎金用在自己身上就好。沒想到他們用這樣的形式形成一種好的循環，讓我打從心底感到非常高興。

人類的行為中最讓人尊敬的，就是想要為他人做點什麼的行為。雖然把自己放在第一位去思考是常情；能對他人有幫助、讓人感到喜悅，就是自己最高的幸福。事實上人類也擁有這樣的心，人類的本性就是如此美麗的東西。

譯注

①一九一六～二〇〇三，被稱為日本的愛迪生或發明王。

②Andrzej Wajda，一九二六～二〇一六。

協調

人類內心所想的與實行的，
如果一切都是往好的方向前進，
跟宇宙的震動力的波長相吻合，
人生就會轉向好的方向。
如果人類具有跟宇宙思維相反的自私想法，
跟宇宙磁場（氣流）背道而馳，
就無法得到善果。

充滿愛的心，符合宇宙的意志

這個世界具有能讓萬物生成發展的磁場（氣流），我認為這應該稱為「宇宙的意志」才對吧？

這個「宇宙的意志」充滿了愛、誠意與和諧。由我們每個人的思維所發出的能量是否與祂的步調一致、還是剛好相反，就決定了當事人的命運。

據說這個宇宙最初只是極少量的超高溫、超高壓的塊狀粒子，後來發生大霹靂的爆炸，不斷膨脹到現在成為浩瀚的宇宙。這是現代物理學已經完全證實的理論。

形成宇宙的物質世界，全部都是由原子形成的。就像元素週期表所列的內容一樣，質量最小的是氫原子。氫原子當中具有一個原子核，這個原子核是由質子與中子構成的，原子核的外圍環繞著電子。

如果使用粒子加速器（particle accelerator）來破壞組合成原子核的質子和中子，就可以分解出數種基本粒子。也就是說，無論質子或中子都是由複數的基本粒子組成的。

宇宙大霹靂之時，最初的基本粒子開始結合，製造出質子和中子，接著質子與中子再組成原子核，然後再捕獲一個電子，於是誕生最早的氫原子。這些氫原子融合之後，就產生更重一點的氦原子。

接下來原子與原子結合就形成分子，分子還能形成高分子，最後再加入所謂的DNA遺傳因子，透過這種方式然後變成生命體。

地球上誕生的最初的生命體是非常原始的生物，這些原始的生物反覆進化之後，才有我們人類的誕生。

最早這個宇宙是由極少數的基本粒子開始的。問題是這些粒子絕對沒有一刻停留在現狀，它們不停地進化，最後終於形成現在的宇宙。

回顧今日的宇宙的形成過程，我想宇宙真是個將多不可測的萬物導向進化與發展的巨流，或者像想要讓萬物成長的慈悲意志般的存在吧？

既然我們居住在這個宇宙，那麼我們想些什麼？抱持著什麼樣的心念？展現什麼樣的行為，就變成很重要的事了。

也就是說，人類內心想的或做出來的行為，如果全部都往好的方向發展，與宇宙的意志的波長吻合，那麼人生就往好的方向轉。相反地，如果抱持自己好就行，自己以外的不好也無所謂，這種與宇宙具有的思維相反的自私想法，結果就與宇宙巨流方向相反，就無法得到善的結果。

情況既然如此，我們的思維就必須與想要善待萬物的宇宙的愛的洪流同步，努力秉持所謂「善待他人」的利他之心才行。如果秉持像「把他人的喜悅當成自己的喜悅」、「凡事皆為世界為人類著想」、「不只希望自己，也期待周遭的人經常活得幸福」所形容的優美的、單純的、正向的心念去生活，一定會得到神的助力，就是所謂的上天的庇佑。京瓷的成長與發展、第二電電的創業、日本航空的再生，正好證明此理念，我想，我的人生也是很好的佐證。

總之，用利他的心幫助他人，親切地對待他人。能擁有這般美麗的、體貼的心，就是順從宇宙意志的行為，透過這種行為，人類必然會導向成長發展的方向，命運當然也會好轉。

我想這件事不論如何強調，都不嫌過度。要克制自私的欲望，不可忘卻謙虛的心，不應該只考慮到自己的事，應該在顧及周遭的人之後採取行動。這樣的愛在付出給對方之後，會在適當的時機返回到自己身上，帶給自己幸福。

終章

充滿善良的思想

善き思いに満ちていること

擁有善良的「思考方式」，把「另一方的力量」化為朋友

到此為止，我將想度過美好人生所需的「思考方式」，分成「擁有偉大的志向」、「始終保持積極態度」、「不吝惜努力」、「誠實」、「凝聚創意」、「遇到挫折也不氣餒」、「心念單純」、「謙虛」、「為世界為人類而行動」等九個篇章，提供我的論述。

或許有人不相信，依據不同的「思考方式」就能夠改變人生這種說法，但是我想，閱讀過本書的人，對於我本身因秉持好的「思考方式」，

才讓我的人生轉好，並且克服困難直到今日這件事，應該可以充分理解才對。

「思考方式」裡具有足以讓我們每個人的人生、做到一百八十度大轉變的力量。還有同時可以改變每個人的意識，因此擁有好的「思考方式」也能超越個人領域，擁有改變團體集體命運的力量。

在序章裡提到的日本航空再生，我想正好就是上述說法的實證。

我結束連任的職務，於二〇一三年三月退除日本航空的董事職務，之後每每於夜晚就寢之前，回首到當時為止每天發生的事，深入思索自己為何能夠讓日航達成這種奇蹟式的再生。

首先必須提出的最重要原因就是，改變員工的心、工作的態度，他們的行動就會跟著改變。

例如針對櫃台服務人員，不再讓他們用固定的規則去應對客戶，而是經常站在客戶的立場思考「客戶今天真正需要的是什麼？」、「針對客戶的煩惱，有沒有什麼應對方法？」自主地採取行動。

其次，針對與乘客在飛航中共處的機艙服務人員，即便工作守則上沒寫，但是能想到「如果我這樣做，乘客應該會開心才對吧？」讓他們做到，先探知乘客的期望，然後臨機應變提供服務給乘客。

更進一步的做法，讓機長把從以前到現在都是千篇一律的機長廣播改掉，不再講同樣的話，而是面對當天的乘客時，自己考量心中想講的話，然後從事機上廣播。

過去的日本航空，因為身為代表日本國家的航空公司的自負心，產生驕傲、傲慢與自尊心，常常把忽視乘客的行為當成理所當然。就是這種員工的心態，讓日本航空陷入破產。

有關日本航空再生工作，另一方面，我也不斷對全體員工傳達「認真、拚命地投入工作」、「秉持感恩的心情」、「經常保持謙虛與誠實的心」等，依據人類的「德」所產生的好的「思考方式」的重要。隨著這種好的「思考方式」的深植、浸透人心，官僚的體質就會開始減少，工作手冊主義的服務方式也會改善，每位員工的行動也開始產生很大的變化。

到那時為止被「自己好就行」的自私的「思考方式」汙染的心，開始變成以「為了乘客」、「為了夥伴」等想善待他人的「思考方式」，每個人站在自己的立場和崗位上，拚命努力地展開工作。

因為日本航空員工的變化導致對乘客的服務品質提升，搭乘日航的乘客也快速增加，因此日航的收益也有了飛越的改善。就這樣，經營惡化情況已經瀕臨破產的日本航空，命運也開始好轉了。

總之，透過員工的意識與行動的變化，也就是所謂的「自力」，終於喚醒乘客的後援的「他力」，最後做到了改變日本航空的命運，變身為擁有世界最高收益能力的榮耀的航空企業。

但是，光是靠這種「自力」與「他力」是無法說明日本航空的奇蹟式的再生，我不得不說還有一個很大的「他力」存在，那是超乎人類智慧的大自然的力量的「他力」。如果不是這樣，在日本東北大地震之後，還能夠維持高收益力，只花了三年就在日本東京證券交易所重新上市，這種超乎任何人想像的企業再生是不可能達成的。也就是說，看到我們秉持好的「思考方式」、拚命努力工作的姿態，上天也伸出援手拉了我們一把，不是嗎？

關於這件事，我覺得可以用下列的說法來表現。好的「思考方式」可以讓超越自己努力的「自力」與來自周遭的「他力」，那種來自宇宙的、更偉大的「他力」也變成對自己有助益的朋友！

如果把人生比喻成海洋之旅，那麼如果我們想過的是自己想要的人生，首先就是要能夠靠自己的力量，拚命地划著船往前航行。其次我們也需要夥伴的協助和支援，但是只有這些還無法航行到很遠的地方。還需要能夠幫助船隻前進的另一項他力——也就是風力的幫助——才能夠開始航向大海，進行所謂航海的工作。

世界上靠一己之力能完成的事大家都知道，其次靠周遭人們的所謂的他力的協助，能夠達成的事也有極限。所謂偉大的事，就是超越人類智慧的上天的力量、沒有這種額外的他力幫助就無法完成的工作。問題是，想要得到上天的力量這種他力，就不能有想要利益自己本身的自私的心，必須擁有「與人為善」這種美麗的心才行。

強調「我、我、我」這種自私的心，宛如一張滿滿破洞的帆。就算他力的風再怎麼吹，因為帆有破洞，船根本無法得到前進的力量。相對於此，好的「思考方式」的完整的帆，就能夠接受強風而順利前進。

我認為擁有好的「思考方式」，如同張開能夠接納他力的風帆般的行為。同時我也認為，這也是能夠把自己的心磨練成美麗的心的做法才對吧？

帆就代表當事人的「思考方式」所形成的心態，如果張開的不是滿足自私欲望的帆，而是以善待他人的美麗之心所張開的帆，那麼很自然就可以獲得吹動這世界的、又神祕又美麗的力量。

無論如何，我期待每位讀者都能持有另外一種他力，也就是可以接納風來張滿帆的「思考方式」，然後度過美麗的人生。

財經企管 BCB830

稻盛和夫的思考之道

考え方：人生・仕事の結果が変わる

稻盛和夫 — 著
攝影 — 鈴木正美
翻譯 — 呂美女

副社長兼總編輯 — 吳佩穎
社文館副總編輯 — 郭昕詠
責任編輯 — 郭昕詠
校對 — 魏秋綢
封面及內頁設計 — 12 DESIGN STUDIO
排版 — 簡單瑛設

出版者 — 遠見天下文化出版股份有限公司
創辦人 — 高希均、王力行
遠見・天下文化 事業群榮譽董事長 — 高希均
遠見・天下文化 事業群董事長 — 王力行
天下文化社長 — 王力行
天下文化總經理 — 鄧瑋羚
國際事務開發部兼版權中心總監 — 潘欣
法律顧問 — 理律法律事務所陳長文律師
著作權顧問 — 魏啟翔律師
地址 — 台北市 104 松江路 93 巷 1 號 2 樓
讀者服務專線 — (02) 2662-0012 ｜傳真 — (02) 2662-0007；(02) 2662-0009
電子郵件信箱 — cwpc@cwgv.com.tw
直接郵撥帳號 — 1326703-6 號 遠見天下文化出版股份有限公司

製版廠 — 中原造像股份有限公司
印刷廠 — 中原造像股份有限公司
裝訂廠 — 精益裝訂股份有限公司
登記證 — 局版台業字第 2517 號
總經銷 — 大和書報圖書股份有限公司　電話／ (02) 8990-2588
出版日期 — 2024 年 1 月 30 日第二版第 1 次印行
2024 年 9 月 13 日第二版第 8 次印行

定價 — NT 450 元
ISBN — 9786263556386
電子書 ISBN —9786263556355 (PDF)；9786263556362 (EPUB)
書號 — BCB830
天下文化官網 — bookzone.cwgv.com.tw

國家圖書館出版品預行編目（CIP）資料

稻盛和夫的思考之道
稻盛和夫著；呂美女譯——第二版
臺北市：遠見天下文化出版股份有限公司
2024.01
256 面；13 × 19 公分
（財經企管；BCB830）
譯自：考え方：人生・仕事の結果が変わる

ISBN 978-626-355-638-6（精裝）
1.CST：成功法　2.CST：生活指導

177.2
113000388